Scoprire i Giochi Gratuiti Online

Disponibile Qui:

BestActivityBooks.com/FREEGAMES

5 CONSIGLI PER INIZIARE

1) COME RISOLVERE LE PAROLE INTRECCIATTE

I puzzle hanno un formato classico:

- Le parole sono nascoste senza spazi o trattini,...
- Orientamento: Le parole possono essere scritte in avanti, indietro, verso l'alto, verso il basso o in diagonale (possono essere invertite).
- Le parole possono sovrapporsi o intersecarsi.

2) APPRENDIMENTO ATTIVO

Accanto ad ogni parola c'è uno spazio per scrivere la traduzione. Per incoraggiare l'apprendimento attivo, un **DIZIONARIO** alla fine di questa edizione vi permetterà di controllare e ampliare le vostre conoscenze. Cerca e scrivi le traduzioni, trovale nel puzzle e aggiungile al tuo vocabolario!

3) SEGNARE LE PAROLE

Puoi inventare il tuo sistema di segni. Forse ne usi già uno? Per esempio, puoi segnare le parole difficili da trovare con una croce, le parole preferite con una stella, le parole nuove con un triangolo, le parole rare con un diamante, e così via.

4) STRUTTURARE L'APPRENDIMENTO

Questa edizione offre un **TACCUINO** alla fine del libro. In vacanza, in viaggio o a casa, puoi organizzare facilmente le tue nuove conoscenze senza bisogno di un secondo quaderno!

5) AVETE FINITO TUTTE LE GRIGLIE?

Nelle ultime pagine di questo libro, nella sezione della **SFIDA FINALE**, troverete un gioco gratuito!

Facile e veloce! Dai un'occhiata alla nostra collezione di libri di attività per il tuo prossimo momento di divertimento e **apprendimento,** a portata di clic!

Trova la tua prossima sfida su:

BestActivityBooks.com/MioProssimoLibro

Ai vostri posti, pronti...Via!

Sapevi che ci sono circa 7.000 lingue diverse nel mondo? Le parole sono preziose.

Amiamo le lingue e abbiamo lavorato duramente per creare libri di altissima qualità. I nostri ingredienti?

Una selezione di argomenti adatti all'apprendimento, tre buone porzioni di intrattenimento, una cucchiaiata di parole difficili e una spolverata di parole rare. Li serviamo con amore e entusiasmo in modo che tu possa risolvere i migliori giochi di parole e divertirti imparando!

La vostra opinione è essenziale. Puoi partecipare attivamente al successo di questo libro lasciandoci un commento. Ci piacerebbe sapere cosa ti è piaciuto di più di questa edizione.

Ecco un link veloce alla pagina dell'ordine:

BestBooksActivity.com/Recensione50

Grazie per il vostro aiuto e buon divertimento!

Tutta la squadra

1 - Scacchi

```
F  O  A  P  A  Ž  B  M  U  Đ  W  Y  U  P
I  P  A  N  C  R  C  I  Y  W  A  C  T  R
P  R  V  A  K  T  V  G  J  K  C  P  U  O
J  A  D  T  C  V  O  R  F  E  O  A  B  T
D  V  N  J  R  O  C  A  P  U  L  S  S  I
U  I  K  E  N  V  U  Č  I  T  I  I  T  V
Đ  L  J  C  A  A  C  B  Z  O  K  V  R  N
V  A  A  A  F  T  U  G  A  Č  R  N  A  I
A  A  E  N  G  I  B  V  Z  K  A  O  T  K
S  G  L  J  D  O  U  D  O  E  L  I  E  R
P  A  M  E  T  A  N  G  V  P  J  G  G  A
V  R  I  J  E  M  E  A  I  N  I  R  I  L
T  U  R  N  I  R  Đ  M  L  T  C  A  J  J
T  G  R  U  Đ  U  O  K  U  A  A  T  A  K
```

PROTIVNIK	UČITI
BIJELI	TOČKE
PRVAK	KRALJ
NATJECANJE	KRALJICA
DIJAGONALA	PRAVILA
IGRAČ	ŽRTVOVATI
IGRA	IZAZOVI
PAMETAN	STRATEGIJA
CRNA	VRIJEME
PASIVNO	TURNIR

2 - Aggettivi #2

P	A	A	S	B	N	O	V	O	K	V	O	M	A
R	O	D	G	O	V	O	R	A	N	W	P	U	U
O	I	L	Đ	S	G	U	R	L	D	Đ	I	R	T
D	C	Đ	O	U	L	K	O	M	B	I	S	P	E
U	L	I	Z	H	K	Đ	H	H	A	P	N	L	N
K	D	B	A	O	L	D	M	T	B	L	I	U	T
T	P	E	N	Đ	T	P	O	N	O	S	A	N	I
I	P	R	I	R	O	D	N	O	C	L	P	N	Č
V	W	G	M	C	J	V	J	A	K	A	O	Đ	N
N	I	U	L	Z	D	R	A	V	J	T	Z	Y	O
I	K	A	J	A	Č	I	S	T	W	K	N	U	U
U	F	N	I	Z	D	T	L	N	N	O	A	W	T
M	Z	B	V	H	F	A	A	U	F	U	T	G	A
B	G	E	L	E	G	A	N	T	A	N	I	S	G

GLADAN
SUHO
AUTENTIČNO
OPISNI
SLATKO
ELEGANTAN
POZNATI
JAK
ZANIMLJIV

PRIRODNO
NORMALAN
NOVO
PONOSAN
PRODUKTIVNI
ČIST
ODGOVORAN
SLAN
ZDRAV

3 - Mobili

```
U N J V G A I L Z Đ O J M K
Đ L F F J K S T O L I C A A
K L U P A K V S R R S P D U
B F T O S R J A M T T K R Č
K K O L T E E M A K O D A Z
J I N I U V T F R W L R C G
T F P C K E I J A S T U C I
T E O E J T L B R C Z Y I Y
V F P T Z W J V B Y M L L Z
I P I I E B K D I T W Y J I
Z W I K H L A F N S W C I C
O T W Z A V J E S E E K C D
M F O G L E D A L O N Ć J U
T M D E Y W W Đ S Đ U B A Y
```

VISEĆA	KLUPA
ORMAR	FOTELJA
JASTUCI	POLICE
JASTUK	STOL
KAUČ	STOLICA
FUTON	OGLEDALO
SVJETILJKA	TEPIH
KREVET	ZAVJESE
MADRAC	

4 - Pesca

```
P  G  S  B  S  T  R  P  L  J  E  N  J  E
W  R  K  U  H  A  T  I  T  W  Š  M  J  P
O  C  E  A  S  A  O  T  G  K  A  E  E  E
P  T  E  T  H  F  M  P  A  J  R  M  Z  R
V  L  E  O  J  C  Ž  I  C  A  G  A  E  A
B  V  A  Ž  V  E  H  Y  Y  O  E  C  R  J
C  H  B  Ž  I  D  R  I  J  E  K  A  O  E
I  F  J  F  A  N  O  I  L  M  H  I  I  O
K  O  Š  A  R  A  A  Č  V  O  D  A  Đ  P
U  R  F  I  L  U  M  A  Y  A  Z  S  J  R
Č  E  L  J  U  S  T  M  G  K  N  I  M  E
S  E  Z  O  N  A  I  A  T  W  A  J  I  M
J  B  Y  P  T  N  D  C  T  R  T  P  E  A
I  F  G  P  Z  I  C  K  U  K  A  R  E  B
```

VODA
OPREMA
ČAMAC
ŠKRGE
KOŠARA
KUHATI
PRETJERIVANJE
MAMAC
ŽICA
RIJEKA

KUKA
JEZERO
ČELJUST
OCEAN
STRPLJENJE
TEŽINA
PERAJE
PLAŽA
SEZONA

5 - Aggettivi #1

```
M  P  P  S  M  R  V  A  Ž  N  O  A  O  O
P  L  I  H  P  V  E  L  I  K  I  M  G  T
U  E  A  Z  W  I  L  Z  D  H  M  B  R  P
A  D  F  D  K  S  I  L  E  D  O  I  O  U
G  W  I  G  I  K  K  J  N  L  D  C  M  M
E  D  U  G  O  R  O  S  T  A  E  I  A  J
V  G  L  C  L  E  D  A  I  R  R  O  N  E
R  T  Z  E  V  N  U  V  Č  O  A  Z  A  T
I  A  H  O  V  Đ  Š  R  A  M  N  A  K  N
J  N  U  J  T  F  A  Š  N  A  Đ  N  T  I
E  A  N  T  E  I  N  E  W  T  B  I  I  Č
D  K  T  Z  Š  S  Č  N  A  S  L  U  V  K
A  Đ  R  S  K  U  G  N  F  K  J  T  A  I
N  U  F  O  A  H  O  N  O  I  A  L  N  T
```

AMBICIOZAN	IDENTIČAN
AROMATSKI	VAŽNO
UMJETNIČKI	DUGO
AKTIVAN	MODERAN
OGROMAN	ISKREN
EGZOTIČNO	SAVRŠEN
VELIKODUŠAN	TEŠKA
MLADI	VRIJEDAN
VELIKI	TANAK

6 - Geologia

```
K S W K A M E N T Z E T H W
A V T V I C M I N E R A L I
L Đ Đ A J S N Y L F O S I L
C S S R L F E W V T Z K K P
I O N C N A P L J B I O O L
J L S L O J K B I Y J R N A
V U L K A N G T S N A A T T
K A V E R N A E I Z A L I O
Y T M V F M T Đ J T Đ J N G
P O T R E S K Z Z R A E L
K R I S T A L I P P I F N A
W O W U A T H V B D N R T B
C D J S T A L A G M I T I Đ
H L S E D J R L A V A H M T
```

KISELINA   LAVA
PLATO   MINERALI
KALCIJ   KAMEN
KAVERNA   KVARC
KONTINENT   SOL
KORALJA   STALAGMITI
KRISTALI   STALAKTIT
EROZIJA   SLOJ
FOSIL   POTRES
GEJZIR   VULKAN

7 - Campeggio

```
K A N U Š O A D K G P H V E
V Z C J E Z E R O B R T I L
K A M C Š P O V M B I Z S C
T U T B I N V E P L R C E R
G Ž K R R Z Đ Ć A Z O U Ć H
E I A A A M A S P D V A A
U V R V C B F F Đ Z A E M E
Ž O T A K A B I N A Š U M A
E T A N S V E S D Z P Š J E
U I D T W A Z G P V V A E U
R N L U P L A N I N A T S Y
W J Z R W A K U V M I O E F
M E H A O E L O F Đ N R C D
O R Y I Đ Z F A C B W E V E
```

DRVEĆA	ZABAVA
VISEĆA	ŠUMA
ŽIVOTINJE	VATRA
AVANTURA	KUKAC
KOMPAS	JEZERO
KABINA	MJESEC
LOV	KARTA
KANU	PLANINA
ŠEŠIR	PRIRODA
UŽE	ŠATOR

8 - Arti Visive

```
Y  S  F  I  A  N  Z  M  W  S  K  K  P  S
M  L  A  K  R  E  D  A  T  N  E  R  E  A
O  I  S  L  H  M  M  T  G  L  R  E  R  S
L  K  K  P  I  K  T  R  L  F  A  A  S  T
O  A  U  R  T  G  L  I  N  A  M  T  P  A
V  M  L  J  E  U  G  C  E  N  I  I  E  V
K  U  P  I  K  M  M  A  L  G  K  V  K  S
A  S  T  Z  T  P  E  J  H  F  A  N  T  T
O  D  U  O  U  U  O  K  E  J  F  O  I  A
N  O  R  O  R  G  M  R  D  T  D  S  V  L
U  G  A  L  A  L  I  T  T  J  N  T  A  A
F  I  L  M  J  J  Y  Z  S  R  E  I  I  K
V  O  S  A  K  E  Y  F  B  K  E  L  K  G
Y  Y  H  Z  Z  N  U  E  Z  D  K  T  O  W
```

ARHITEKTURA
GLINA
UMJETNIK
REMEK-DJELO
UGLJEN
STALAK
VOSAK
KERAMIKA
SASTAV
KREATIVNOST

FILM
KREDA
OLOVKA
SLIKA
PERSPEKTIVA
PORTRET
SKULPTURA
MATRICA
LAK

9 - Esplorazione

```
M  I  A  K  T  I  V  N  O  S  T  K  J  K
P  S  H  G  J  N  H  O  P  D  V  H  Y  K
L  C  S  Y  P  D  I  V  L  J  I  F  U  P
U  R  Y  G  R  C  T  O  S  C  C  G  Č  H
O  P  A  S  N  O  S  T  I  J  E  Z  I  K
P  L  Ž  I  V  O  T  I  N  J  E  T  T  O
R  J  A  V  C  O  D  W  H  Z  K  E  I  D
O  E  Z  W  E  W  U  H  R  O  U  R  L  L
S  N  N  E  P  O  Z  N  A  T  L  E  T  U
T  O  I  R  K  P  U  U  B  K  T  N  V  Č
O  S  J  W  S  A  E  R  R  U  W  N  N
R  T  E  I  P  S  Y  U  O  I  R  C  V  O
D  T  H  W  M  A  O  D  S  Ć  E  U  Đ  S
H  N  H  C  Z  N  Y  Đ  T  E  U  K  H  T
```

ŽIVOTINJE	UČITI
AKTIVNOST	OPASNOSTI
HRABROST	OPASAN
KULTURE	NEPOZNAT
ODLUČNOST	OTKRIĆE
ISCRPLJENOST	DIVLJI
JEZIK	PROSTOR
NOVO	TEREN

10 - Tempo

```
T R E N U T A K K Y B G N G
U L H J M P M H Đ E U O O O
W F Đ D M I Đ Z F D D D Ć D
P R I J E J N T G B U I S I
P E P O D N E U I I Ć Š O N
W Z N O O T O S T W N N N A
J U T R O J V T E A O J N D
S T O L J E Ć E R C S I E A
J E S C K D I J P W T C Y N
N H A I Đ A B U S K O R O A
Z A T E F N R Č K D M T P S
T F K N D E S E T L J E Ć E
F R Y O A R F R D J N G I K
R M P U N K A L E N D A R V
```

GODINA
GODIŠNJI
KALENDAR
DESETLJEĆE
NAKON
BUDUĆNOST
DAN
JUČER
JUTRO
MJESEC

PODNE
MINUTA
TRENUTAK
NOĆ
DANAS
SAT
USKORO
PRIJE
STOLJEĆE
TJEDAN

11 - Astronomia

```
G  R  A  V  I  T  A  C  I  J  A  K  N  M
A  G  A  L  A  K  S  I  J  A  G  I  E  J
K  O  N  S  T  E  L  A  C  I  J  A  B  E
S  E  R  P  T  E  L  E  S  K  O  P  O  S
R  C  W  A  N  K  P  L  A  N  E  T  A  E
K  G  G  H  F  V  S  V  E  M  I  R  B  C
O  D  H  P  P  I  A  M  A  G  L  I  C  A
Z  R  A  Č  E  N  J  E  E  N  S  U  T  S
M  E  K  S  W  O  R  V  B  T  T  R  E  T
O  K  M  W  D  C  P  A  S  Y  E  J  P  E
S  F  I  L  S  I  R  C  K  L  K  O  S  R
G  J  C  D  J  J  D  Y  R  E  H  E  R  O
P  P  K  E  D  A  R  W  U  T  T  B  Đ  I
K  S  U  P  E  R  N  O  V  A  I  A  P  D
```

ASTEROID	MAGLICA
NEBO	PLANETA
KOZMOS	ZRAČENJE
KONSTELACIJA	RAKETA
EKVINOCIJA	SUPERNOVA
GALAKSIJA	TELESKOP
GRAVITACIJA	ZEMLJA
MJESEC	SVEMIR
METEOR	

12 - Circo

```
Ž  I  V  O  T  I  N  J  E  L  Đ  T  J  A
W  G  L  E  D  A  T  E  L  J  P  Đ  W  K
Đ  K  G  O  D  B  G  E  Š  B  U  Đ  R
S  P  E  K  T  A  K  U  L  A  R  A  N  O
Y  A  R  P  R  L  L  N  O  T  R  I  K  B
L  R  W  K  I  O  A  G  N  O  R  Y  A  A
M  A  J  M  U  N  U  B  L  R  Y  L  L  T
N  D  U  T  Đ  I  N  J  O  A  L  A  W  C
V  A  U  B  P  Z  D  P  T  M  Z  A  J  A
M  A  G  I  J  A  B  M  L  U  B  B  V  V
U  L  A  Z  N  I  C  A  F  E  E  O  A  Đ
Ž  O  N  G  L  E  R  O  E  W  Đ  T  N  K
D  J  C  R  G  Č  A  R  O  B  N  J  A  K
K  O  S  T  I  M  S  Đ  T  I  G  A  R  K
```

AKROBAT	ČAROBNJAK
ŽIVOTINJE	GLAZBA
ULAZNICA	BALONI
BOMBON	PARADA
KLAUN	MAJMUN
KOSTIM	SPEKTAKULARAN
SLON	GLEDATELJ
ŽONGLER	ŠATOR
LAV	TIGAR
MAGIJA	TRIK

13 - Mitologia

```
Č K J U N A K R B A T H W L
U A U U B O Ž A N S T V A J
D G R L J E J T Đ Y G R P U
O M V O T Y O N L Đ A S O B
V O U D B U P I E I R T N O
I R S N A N R K G T H V A M
Š I T T J W I A E V E O Š O
T U V C V A E I N B T R A R
E K A J S T S D D D I E N A
S M R T N I K M A D P N J P
W K A T A S T R O F A J E E
S I N R G O S V E T A E N I
R M J K A L A B I R I N T N
P B E S M R T N O S T L K Z
```

ARHETIP	LJUBOMORA
PONAŠANJE	RATNIK
STVORENJE	BESMRTNOST
STVARANJE	LABIRINT
KULTURA	LEGENDA
KATASTROFA	ČAROBNI
BOŽANSTVA	SMRTNIK
JUNAK	ČUDOVIŠTE
SNAGA	OSVETA
MUNJA	

14 - Piante

```
L G N O J I V O H M P S R E
R A C A S N R B R Š L J A N
O F T W Z L T G S K C F K B
B O B I C A R T R A V A A O
Z L N V C D R V O O I F K T
M D F J R A R E B R J P T A
B S L U E A N G W M E T U N
N G O Đ B A S E K A T G S I
K O R I J E N T M H Y U L K
S B A M B U S A I O Đ L I A
K F T Z V I G C I V H T Š N
L Đ D H S R R I R I H T Ć K
I L N H K V A J I N D P E M
Đ I B Y P F H A J A Š U M A
```

DRVO
BOBICA
BAMBUS
BOTANIKA
KAKTUS
GRM
RASTI
BRŠLJAN
TRAVA
GRAH

GNOJIVO
CVIJET
FLORA
LIŠĆE
ŠUMA
VRT
MAHOVINA
LATICA
KORIJEN
VEGETACIJA

15 - Spezie

```
K  F  L  P  S  K  O  M  O  R  A  Č  O  G
P  A  P  A  R  O  S  L  A  T  K  I  N  O
J  I  R  O  N  W  L  U  K  E  U  U  M  R
F  E  M  D  A  N  I  S  C  N  M  V  W  A
V  A  H  T  A  L  P  A  P  R  I  K  A  K
M  A  F  N  L  M  W  B  P  K  N  Š  C  O
L  S  N  Đ  R  M  O  H  S  U  C  A  I  R
Đ  P  S  I  L  T  Đ  M  L  R  U  F  M  I
O  K  U  S  L  O  N  T  A  K  R  R  E  J
Z  N  K  Đ  V  I  L  W  T  U  R  A  T  A
T  N  Č  E  Š  N  J  A  K  M  Y  N  Đ  N
J  Đ  U  M  B  I  R  A  O  A  H  W  E  D
O  B  S  F  L  W  J  R  S  V  E  Y  H  E
C  P  W  Đ  H  M  O  Y  A  E  K  P  U  R
```

ČEŠNJAK	SLATKO
GORAK	KOMORAČ
ANIS	OKUS
CIMET	SLATKI
KARDAMOM	PAPRIKA
LUK	PAPAR
KORIJANDER	SOL
KUMIN	VANILIJA
KURKUMA	ŠAFRAN
CURRY	ĐUMBIR

16 - Numeri

```
Š  P  T  C  A  G  D  G  J  Đ  C  O  L  T
E  C  R  S  W  C  V  U  K  S  K  S  D  R
S  P  L  G  O  S  A  M  Z  A  B  A  O  I
T  D  E  G  Đ  F  D  P  S  F  S  M  P  N
R  N  T  T  A  Đ  E  Đ  M  O  Đ  N  E  A
I  B  Č  H  S  U  S  E  D  A  M  A  T  E
M  Š  E  S  N  A  E  S  T  I  B  E  N  S
Č  E  T  I  R  I  T  D  N  O  P  S  A  T
V  V  R  L  P  U  M  V  D  U  C  T  E  E
P  Y  N  H  Y  V  N  A  L  E  L  F  S  Y
Z  U  A  D  E  S  E  T  U  I  V  A  T  R
F  R  E  D  E  C  I  M  A  L  A  E  D  K
W  F  S  D  V  A  N  A  E  S  T  Z  T  Đ
B  T  T  D  E  V  E  T  N  A  E  S  T  G
```

PET	ČETIRI
DECIMALA	PETNAEST
DEVETNAEST	ŠESNAEST
OSAMNAEST	ŠEST
DESET	SEDAM
DVANAEST	TRI
DVA	TRINAEST
DEVET	DVADESET
OSAM	NULA
ČETRNAEST	

17 - Cioccolato

```
R  B  R  C  H  V  U  K  U  S  N  O  Y  Đ
S  E  B  B  F  W  V  A  U  K  U  S  G  U
A  A  C  Y  Y  V  D  L  W  M  R  N  Y  F
R  E  S  E  E  G  Z  O  T  I  Č  N  O  R
O  K  L  T  P  O  K  R  B  O  M  B  O  N
M  O  A  Đ  O  T  T  I  S  T  M  W  H  U
A  K  T  O  H  J  Z  J  P  K  A  K  A  O
O  O  K  K  P  Z  A  E  R  A  Đ  J  Š  S
H  S  O  I  V  G  T  K  A  R  G  E  E  J
K  I  K  I  R  I  K  I  H  A  O  Ś  Ć  V
O  M  I  L  J  E  N  I  R  M  R  T  E  N
K  V  A  L  I  T  E  T  A  E  A  I  R  C
Z  A  N  A  T  S  K  I  M  L  K  J  V  M
Z  F  C  D  J  R  C  H  D  A  W  V  Z  M
```

GORAK
KIKIRIKI
AROMA
ZANATSKI
KAKAO
KALORIJE
BOMBON
KARAMELA
UKUSNO
SLATKO

EGZOTIČNO
UKUS
SASTOJAK
JESTI
KOKOS
PRAH
OMILJENI
KVALITETA
RECEPT
ŠEĆER

18 - Guida

```
W  T  N  B  C  B  S  B  Đ  O  V  Đ  P  P
P  R  O  M  E  T  N  J  G  T  M  Đ  O  E
G  A  R  A  Ž  A  V  T  N  V  O  F  L  G
L  O  S  A  P  M  W  C  E  S  T  A  I  O
P  P  I  U  J  O  A  B  S  K  O  K  C  R
R  A  G  T  E  T  K  R  R  H  C  O  I  I
I  S  U  O  Š  O  A  Z  E  T  I  Č  J  V
J  N  R  M  A  R  R  I  Ć  Z  K  N  A  O
E  O  N  O  K  B  T  N  A  P  L  I  N  A
V  S  O  B  J  F  A  A  Y  R  V  C  J  J
O  T  S  I  A  U  T  O  B  U  S  E  G  S
Z  Y  T  L  I  C  E  N  C  A  R  W  M  T
K  R  N  D  I  R  U  T  U  N  E  L  D  H
Z  R  G  G  C  J  E  R  I  F  I  R  D  O
```

AUTOMOBIL	MOTOR
AUTOBUS	PJEŠAK
GORIVO	OPASNOST
KOČNICE	POLICIJA
GARAŽA	SIGURNOST
PLIN	CESTA
NESREĆA	PROMET
LICENCA	PRIJEVOZ
KARTA	TUNEL
MOTOCIKL	BRZINA

19 - Sport

```
O D P L I V A T I V L O D P
C G S R Đ Y Đ O J Y A O L H
M O I M V B I C I K L U G Z
D L N M B E J Z B O L Y O B
A F E P N B N J O B V V K U
S P O R T A Š S T A D I O N
H S F D I L Z Đ T E N I S T
O Z C A M Đ Z I I V F G T R
K O Š A R K A I J W O R E E
E S U D A C A J I A Đ A A N
J F T M O P L P H G V Č R E
C K B K A G I P O K R E T R
G I M N A S T I K A A A H W
P O B J E D N I K P Y M H C
```

TRENER
SUDAC
SPORTAŠ
BEJZBOL
KOŠARKA
BICIKL
PRVENSTVO
GIMNASTIKA
IGRAČ
IGRA

GOLF
HOKEJ
POKRET
PLIVATI
GIMNAZIJA
TIM
STADION
TENIS
POBJEDNIK

20 - Giocattoli

```
Č  G  L  I  N  A  O  A  K  Y  T  B  S  Z
U  A  V  O  L  T  L  Y  K  K  B  I  F  R
P  N  M  Đ  Y  I  H  T  S  F  E  C  V  A
E  S  N  A  A  U  T  O  M  O  B  I  L  K
Y  P  Y  W  C  F  W  B  U  H  K  K  A  O
K  A  M  I  O  N  R  R  K  S  R  L  K  P
O  N  L  U  T  K  A  T  Y  K  E  H  R  L
M  B  J  K  Z  L  F  Đ  I  G  R  E  O  O
I  O  K  I  Z  M  A  J  M  O  T  I  B  V
L  J  V  Y  G  D  R  U  S  A  C  K  O  L
J  E  F  G  K  E  M  T  Z  C  Š  S  T  H
E  B  U  B  N  J  E  V  I  C  A  T  F  F
N  C  A  H  C  R  Z  F  B  T  H  M  A  Z
I  L  O  P  T  A  H  L  U  H  I  G  G  U
```

ZRAKOPLOV	IGRE
ZMAJ	MAŠTA
GLINA	KNJIGE
OBRT	LOPTA
AUTOMOBIL	OMILJENI
LUTKA	ROBOT
ČAMAC	ŠAH
BUBNJEVI	VLAK
BICIKL	BOJE
KAMION	

21 - Uccelli

```
P A U N N U A E G H P K P W
I I Đ C R O D A A G E O A Y
N I L F G R J C L P L E P G
G F A E E A G W E I I A I M
V S B P T O W O B N K G G Y
I L U D O I I D L U A S A S
N D D F U Y N I K U N I Z L
Y P V W C M F A U Č B G V W
G C R P A G U S K A J A J E
D A A I N E D O A P A F N D
F M B Y A H B K V L T H W Z
F L A M I N G O I J P U P R
P Đ C J L E Y L C A U G A O
O I S I V A Y J A P A T K A
```

ČAPLJA
PATKA
ORAO
RODA
LABUD
KUKAVICA
SOKOL
FLAMINGO
GALEB
GUSKA

PAPIGA
VRABAC
PAUN
PELIKAN
GOLUB
PINGVIN
PILETINA
NOJ
TOUCAN
JAJE

22 - Giorni e Mesi

```
K V C R P U U G H T F F K E
L O E V H F V O W J K C A F
U I L L S T U D E N I C L Y
T J S O J T U I Đ S M D E K
O H U T V A D N S R P A N J
R F B B O O Č A J I M O D N
A V O U T P Z A T J E D A N
K G T T G F A O L E Z W R B
T R A V A N J D I D M D L N
S I J E Č A N J P A C U K Đ
N E D J E L J A A P E T A K
P R O S I N A C N P S G Đ J
I K C A H D M M J E S E C M
W Z S O Z K R U J A N U M U
```

KOLOVOZ   UTORAK
GODINA   SRIJEDA
TRAVANJ   MJESEC
KALENDAR   STUDENI
PROSINAC   LISTOPAD
NEDJELJA   SUBOTA
VELJAČA   RUJAN
SIJEČANJ   TJEDAN
LIPANJ   PETAK
SRPANJ

23 - Casa

```
T H K F S U G S E Z N A S K
C S O B A E N P T V W W V H
J K R O V C T N U R Đ Z J L
G A R A Ž A M G Š T O U E K
D M V P Y D N E L Z O P T N
Đ I E N R N E S T Y O V I J
R N K R R O W I B L U O L I
F Y A Y L I Z Y Z I A C J Ž
H L T E P I H O N P V H K N
S U W E R F G W R L R I A I
O G R A D A Z I D Y A Z M C
P O T K R O V L J E T I V A
O G L E D A L O C E A G N R
K U H I N J A S L A V I N A
```

POTKROVLJE	ZID
KNJIŽNICA	KAT
SOBA	VRATA
KAMIN	OGRADA
KUHINJA	SLAVINA
TUŠ	METLA
PROZOR	STROP
GARAŽA	OGLEDALO
VRT	TEPIH
SVJETILJKA	KROV

24 - Ristorante #1

```
K  U  W  K  U  K  T  V  K  R  Z  T  B  F
U  B  P  I  A  M  E  S  O  V  D  Đ  L  W
H  R  A  N  A  V  S  C  N  M  J  C  A  K
I  U  M  A  K  E  A  P  O  R  E  H  G  K
N  S  C  E  K  B  P  D  B  E  L  F  A  R
J  E  L  O  V  N  I  K  A  Z  A  T  J  U
A  I  O  B  B  K  L  A  R  E  S  A  N  H
D  E  S  E  R  T  E  L  I  R  A  N  I  J
A  K  U  T  N  I  T  E  C  V  S  J  K  J
N  O  Ž  B  C  N  I  R  A  A  T  U  O  E
C  A  U  I  Y  U  N  G  P  C  O  R  O  S
F  P  H  L  G  M  A  I  I  I  J  G  D  T
L  K  S  Y  B  B  F  J  Y  J  C  J  H  I
G  T  R  R  J  D  T  A  Y  A  I  K  F  O
```

ALERGIJA	SASTOJCI
KAVA	JESTI
KONOBARICA	JELOVNIK
MESO	KRUH
BLAGAJNIK	TANJUR
HRANA	AKUTNI
ZDJELA	PILETINA
NOŽ	REZERVACIJA
KUHINJA	UMAK
DESERT	UBRUS

25 - Fantascienza

```
A L N T H V I L U Z I J A K
K L W I G A L A K S I J A N
S I F A N T A S T I Č A N J
T K N T K R Y O K G W E T I
S Y U O Z A T O M S K I A G
Z V P R O R O Č I Š T E J E
A R I K R A J N O S T M A B
M N E J P L A N E T A V N S
I M O A E U T O P I J A S R
Š R P F L T K E S J C K T O
L S N G Z N L F J I K R V B
J T D I S T O P I J A W E O
E T E H N O L O G I J A N T
N F U T U R I S T I Č K I I
```

ATOMSKI
KINO
DISTOPIJA
KRAJNOST
FANTASTIČAN
VATRA
FUTURISTIČKI
GALAKSIJA
ILUZIJA
ZAMIŠLJEN

KNJIGE
TAJANSTVENI
SVIJET
PROROČIŠTE
PLANETA
REALNO
ROBOTI
TEHNOLOGIJA
UTOPIJA

26 - Città

```
S  S  P  M  O  M  T  B  A  N  K  A  U  P
V  T  C  B  Z  U  U  R  E  N  Z  Z  Đ  U
S  U  A  U  I  Z  N  Đ  Ž  I  S  V  L  S
W  G  Z  D  L  E  Đ  G  H  I  L  D  H  U
T  F  R  R  I  J  U  Y  J  A  Š  C  O  P
Š  K  O  L  A  O  K  I  N  O  T  T  T  E
K  P  O  H  R  A  N  I  T  I  B  C  E  R
K  S  V  E  U  Č  I  L  I  Š  T  E  L  M
P  L  Z  R  A  Č  N  A  L  U  K  A  N  A
E  N  I  L  J  E  K  A  R  N  A  Z  R  R
K  M  Z  N  K  N  J  I  Ž  N  I  C  A  K
A  T  E  N  I  K  N  J  I  Ž  A  R  A  E
R  W  G  H  N  K  C  V  J  E  Ć  A  R  T
A  N  H  V  Đ  K  A  Z  A  L  I  Š  T  E
```

ZRAČNA LUKA	TRŽIŠTE
BANKA	MUZEJ
KNJIŽNICA	POHRANITI
KINO	PEKARA
KLINIKA	ŠKOLA
LJEKARNA	STADION
CVJEĆAR	SUPERMARKET
HOTEL	KAZALIŠTE
KNJIŽARA	SVEUČILIŠTE

27 - Virtù #1

```
I  Z  N  A  T  I  Ž  E  L  J  A  N  M  D
S  N  E  Z  A  V  I  S  N  A  O  F  D  L
S  M  T  Š  A  R  M  A  N  T  A  N  O  Đ
V  U  I  E  N  M  V  P  D  I  F  F  D  A
S  E  W  J  L  S  K  R  O  M  A  N  L  A
T  M  L  Č  E  I  O  Z  B  U  F  P  U  P
R  E  L  I  A  Š  G  B  A  R  E  A  Č  R
A  U  U  S  K  P  N  E  R  Đ  F  C  N  A
S  O  Y  T  B  O  A  O  N  O  I  I  O  K
A  Z  F  K  W  U  D  I  J  T  K  J  P  T
N  E  H  D  V  Z  P  U  P  P  A  E  B  I
M  U  D  A  R  D  O  Y  Š  Z  S  N  G  Č
Đ  B  N  K  B  A  Z  E  A  A  A  T  J  A
U  M  J  E  T  N  I  Č  K  I  N  J  W  N
```

ŠARMANTAN	VELIKODUŠAN
POUZDAN	NEZAVISNA
STRASAN	INTELIGENTAN
UMJETNIČKI	SKROMAN
DOBAR	PACIJENT
ZNATIŽELJAN	PRAKTIČAN
ODLUČNO	ČIST
SMIJEŠNO	MUDAR
EFIKASAN	

28 - Compleanno

```
U  Z  K  B  I  B  N  B  L  P  W  U  R  H
K  A  L  E  N  D  A  R  G  O  D  J  A  L
D  B  V  T  O  R  T  A  O  Z  U  P  D  A
P  A  P  I  I  S  S  A  D  I  D  J  O  O
O  V  R  I  J  E  M  E  I  V  A  E  S  P
S  A  O  M  H  S  B  T  N  N  N  S  T  R
E  Đ  S  H  O  R  J  F  A  I  Y  M  A  I
B  T  L  Z  E  C  E  A  Đ  C  S  A  N  J
A  K  A  R  T  I  C  E  J  E  T  Đ  P  A
N  L  V  R  R  K  Y  H  J  N  H  M  F  T
K  C  A  L  O  U  U  N  S  Y  O  I  D  E
M  L  A  D  I  Đ  M  U  D  R  O  S  T  L
Z  F  P  I  S  R  E  T  A  N  F  P  H  J
S  V  I  J  E  Ć  E  N  D  Đ  E  O  C  I
```

PRIJATELJI	DAN
GODINA	MLADI
KALENDAR	SJAJNO
SVIJEĆE	POZIVNICE
PJESMA	ROĐEN
KARTICE	DAR
PROSLAVA	MUDROST
ZABAVA	POSEBAN
SRETAN	VRIJEME
RADOSTAN	TORTA

29 - Fattoria #1

```
M  S  G  R  Z  S  V  S  T  I  K  I  B  P
E  T  J  V  G  U  M  P  D  W  R  I  P  O
D  A  K  E  F  L  S  O  G  R  A  D  A  L
B  D  L  C  M  R  V  F  M  P  V  V  S  J
Đ  O  N  P  P  E  I  H  A  I  A  O  V  O
S  Z  V  H  Č  Đ  N  Ž  F  L  H  D  N  P
D  I  G  B  E  E  J  K  A  E  O  A  M  R
S  K  J  J  L  S  A  G  E  T  E  L  E  I
M  V  C  E  A  G  N  O  J  I  V  O  E  V
A  M  P  H  N  K  O  N  J  N  T  C  C  R
Č  K  O  Z  A  O  M  A  G  A  R  A  C  E
K  G  L  H  R  Đ  Z  M  E  A  C  G  E  D
A  J  J  W  I  W  P  T  K  K  S  B  R  A
S  R  E  Đ  U  G  V  D  P  M  Z  K  C  V
```

VODA	MAČKA
POLJOPRIVREDA	STADO
PČELA	SVINJA
MAGARAC	MED
POLJE	KRAVA
PAS	PILETINA
KOZA	OGRADA
KONJ	RIŽA
GNOJIVO	SJEMENKE
SIJENO	TELE

30 - Paesaggi

```
T O P Đ P G E J Z I R E W J
D Đ L L U L E D E N A W J B
Z D I L A W A J L W Z U Y S
F C N T O Ž T N R K S M H D
D G Đ W T P A M I R J M B J
G T D J O G A P J N M O R E
B V U L K A N N E D A Z D Z
V O D O P A D F K O M E O E
Đ P U S T I N J A L V O G R
M O Č V A R A Š P I L J A O
P O L U O T O K R N H J F D
O C E A N I F K Y A O A Z A
L E D E N J A K T U N D R A
E F Y T N B S J P N A P L T
```

VODOPAD	MORE
BRDO	PLANINA
PUSTINJA	OAZA
RIJEKA	OCEAN
GEJZIR	MOČVARA
LEDENJAK	POLUOTOK
ŠPILJA	PLAŽA
LEDENA	TUNDRA
OTOK	DOLINA
JEZERO	VULKAN

31 - Ristorante #2

```
P  I  Ć  E  N  B  V  S  T  J  S  U  W  A
R  Y  H  Ž  Y  L  I  A  K  A  T  R  F  F
E  R  Đ  M  L  D  L  L  Đ  J  O  U  P  F
D  A  Đ  D  A  I  I  A  S  A  L  K  Đ  R
J  U  H  A  H  F  C  T  E  A  I  U  R  F
E  T  F  O  U  J  A  A  U  K  C  S  Z  O
L  O  S  C  Z  C  L  E  D  N  A  N  U  I
O  V  W  U  M  H  V  G  R  V  S  O  Z  G
T  B  O  Y  O  R  K  K  O  N  O  B  A  R
K  Y  A  Ć  L  U  R  I  B  A  L  D  F  D
L  N  I  V  E  Č  E  R  A  S  W  U  A  D
M  V  L  K  V  A  P  O  V  R  Ć  E  K  B
T  O  R  T  A  K  B  O  K  C  W  K  H  A
H  D  E  U  Y  V  Z  A  Č  I  N  I  O  C
```

VODA	SALATA
PREDJELO	JUHA
PIĆE	RIBA
KONOBAR	RUČAK
VEČERA	SOL
ŽLICA	STOLICA
UKUSNO	ZAČINI
VILICA	TORTA
VOĆE	JAJA
LED	POVRĆE

32 - Giardino

```
O  V  Z  T  D  F  Z  C  V  G  E  Đ  Đ  A
G  K  P  K  J  F  W  K  O  R  O  V  K  T
R  I  B  N  J  A  K  Y  Ć  A  A  U  I  N
A  N  D  Z  V  W  L  L  N  B  T  L  G  T
D  T  G  B  V  T  T  O  J  L  E  G  Y  L
A  L  U  U  C  R  R  P  A  J  R  A  R  O
K  V  C  K  A  A  A  A  K  E  A  R  E  M
C  Z  R  J  L  V  V  T  M  E  S  A  L  K
P  L  C  R  K  A  N  A  K  P  A  Ž  Y  D
B  M  M  C  V  I  J  E  T  L  O  A  R  W
V  I  S  E  Ć  A  A  U  B  O  U  L  S  Z
P  S  S  I  Y  G  K  S  I  Z  V  P  I  I
C  R  I  J  E  V  O  Đ  J  A  B  T  A  N
V  R  T  A  I  D  R  V  O  B  L  V  L  T
```

DRVO	KLUPA
VISEĆA	TRAVNJAK
GRM	GRABLJE
TRAVA	OGRADA
KOROV	RIBNJAK
CVIJET	TLO
VOĆNJAK	TERASA
GARAŽA	TRAMPOLIN
VRT	CRIJEVO
LOPATA	LOZA

33 - Frutta

```
T  G  U  T  Y  R  Đ  L  I  M  U  N  R  M
K  R  K  R  U  Š  K  A  P  A  P  A  J  A
I  O  A  E  W  K  M  L  K  L  Z  P  F  R
V  Ž  O  Š  L  J  I  V  A  I  O  I  L  E
I  Đ  F  N  O  N  A  R  A  N  Č  A  A  L
H  E  C  J  F  E  R  B  S  A  S  S  A  I
D  A  V  A  C  K  N  O  U  M  O  W  P  C
D  I  N  J  A  N  K  B  A  K  O  O  V  A
A  N  A  N  A  S  T  I  V  L  A  K  O  O
A  V  O  K  A  D  O  C  M  E  F  W  V  E
K  U  P  I  N  A  B  A  N  A  N  A  G  A
Đ  T  W  T  F  P  A  F  G  K  N  F  B  Đ
C  B  R  E  S  K  V  A  M  E  Y  G  M  U
P  D  N  Z  D  U  B  Đ  V  K  H  M  O  F
```

MARELICA	LIMUN
ANANAS	MANGO
NARANČA	JABUKA
AVOKADO	DINJA
BOBICA	KUPINA
BANANA	PAPAJA
TREŠNJA	KRUŠKA
SMOKVA	BRESKVA
KIVI	ŠLJIVA
MALINA	GROŽĐE

34 - Fattoria #2

```
Đ  C  D  T  H  G  B  J  L  P  J  B  M  N
W  G  L  N  E  O  Đ  A  S  A  I  T  A  A
H  L  I  P  I  V  S  N  T  T  M  B  J  V
S  R  V  C  U  O  C  J  R  K  A  E  N  O
U  K  A  V  O  Ć  E  E  A  A  K  J  S  D
C  G  D  N  U  N  A  T  K  Đ  M  P  A  N
R  T  A  Y  A  J  V  I  T  S  P  Š  Đ  J
Z  R  E  L  O  A  M  N  O  R  A  E  R  A
D  G  P  C  Đ  K  U  A  R  U  S  N  B  V
T  G  E  K  U  K  U  R  U  Z  T  I  U  A
G  U  S  K  E  U  K  O  Š  N  I  C  A  N
Ž  I  V  O  T  I  N  J  E  L  R  A  M  J
B  Đ  B  Đ  O  V  C  E  D  D  T  I  V  E
J  E  Č  A  M  L  I  J  E  K  O  F  V  S
```

JANJETINA	LAME
KOŠNICA	MLIJEKO
PATKA	KUKURUZ
ŽIVOTINJE	ZRELO
HRANA	GUSKE
STAJA	JEČAM
VOĆE	PASTIR
VOĆNJAK	OVCE
PŠENICA	LIVADA
NAVODNJAVANJE	TRAKTOR

35 - Dinosauri

```
I  W  P  V  E  L  I  Č  I  N  A  L  Đ  Z
N  R  L  R  R  H  N  S  C  J  Y  U  T  A
C  D  I  E  A  S  V  E  J  E  D  J  Y  Č
O  Z  J  P  B  P  T  H  S  Đ  K  L  M  A
H  P  E  I  I  Đ  O  A  K  T  Y  I  Z  R
L  U  N  C  L  U  G  V  R  H  A  F  S  A
Z  E  M  L  J  A  R  E  I  E  W  N  N  N
W  H  E  K  O  U  O  L  L  J  U  F  A  I
M  N  S  M  J  U  M  I  A  G  E  O  Ž  K
A  L  O  Đ  E  B  A  K  B  M  D  S  A  O
M  A  Ž  K  D  K  N  I  P  A  N  I  N  T
U  C  D  S  I  W  S  Z  Z  Z  R  L  A  I
T  N  E  V  O  L  U  C  I  J  A  I  K  C
U  E  R  S  H  A  H  S  U  I  E  L  B  Y
```

KRILA	SNAŽAN
MESOŽDER	PLIJEN
REP	PRAPOVIJESNI
OGROMAN	GMAZ
BILJOJEDI	NESTANAK
EVOLUCIJA	VRSTA
FOSILI	VELIČINA
VELIKI	ZEMLJA
MAMUT	ZAČARANI
SVEJED	

36 - Verdure

```
P B U N D E V A K O K P Y M
A G R A Š A K O U C E E U R
T F D O S A L A T A I R G K
L U K A K T A B H Y Y Š T V
I Đ K Đ I U G R A J Č I C A
D U A T V J L Z T Z T N E I
Ž M Č E Š N J A K I S Đ L E
A B E Y Š P I N A T Č O E A
N I N D A W V G E W R O R S
G R D O T L A F Z K H E K V
L U K K O Z J A K T K C P A
T M T Z K R A S T A V A C A
F B P R O T K V I C A O I B
K R U M P I R T S U Z M T T
```

ČEŠNJAK	GRAŠAK
BROKULA	RAJČICA
ARTIČOKA	PERŠIN
MRKVA	REPA
KRASTAVAC	ROTKVICA
LUK	LUK KOZJAK
GLJIVA	CELER
SALATA	ŠPINAT
PATLIDŽAN	ĐUMBIR
KRUMPIR	BUNDEVA

37 - Scuola #2

```
G W N A L U A C O L O V K A
I R I J R A Č U N A L O N H
G K A C H B P I T H P Z J V
R N K M K Č N V T O Z Y I O
E J A Š A I W F W E B A G B
R I D K L T C Z I P L U E R
U Ž E A E A I W T A K J S A
K N M R N N P K J P J Z R Z
S I S E D J E F A I Z N J O
A C K R A E L M B R Z A E V
K A I Đ R H E R C I C N Č A
K N J I Ž E V N O S T O N N
M A T E M A T I K A T S I J
S V N M B E P E H V T T K E
```

AKADEMSKI	GRAMATIKA
AUTOBUS	UČITELJ
KNJIŽNICA	KNJIŽEVNOST
KALENDAR	ČITANJE
PAPIR	KNJIGE
RAČUNALO	MATEMATIKA
RJEČNIK	OLOVKA
OBRAZOVANJE	CIPELE
ŠKARE	ZNANOST
IGRE	RUKSAK

38 - Barbecue

```
C G H L R K U R S A G G N R
L Đ W E D V B V A H L Z P U
P S M V O Ć E R L J R K O Č
O B I T E L J U A L Č A O A
Z F G W C Č M Ć T J N I N K
I G R L U K E E E E O K C A
V L E U M A K R I T Ž T K E
P A P A R E K O A O E B W J
P D G L A Z B A E G V V I K
N N C T K F R O Š T I L J S
P I L E T I N A L F N B O O
Z S I P H I S B T J H J J L
R D L T M C F V W N K J T U
S P L R C Y U E O U T B M M
```

VRUĆE   ROŠTILJ
VEČERA   SALATE
HRANA   POZIV
LUK   GLAZBA
NOŽEVI   PAPAR
LJETO   PILETINA
GLAD   RAJČICE
OBITELJ   RUČAK
VOĆE   SOL
IGRE   UMAK

39 - Riempire

```
C  I  J  E  V  O  M  G  T  L  E  C  T  R
O  L  R  G  O  V  Y  O  A  G  P  K  O  U
L  B  R  O  D  Ž  E  P  B  O  F  N  R  P
S  A  N  D  U  K  L  E  Đ  V  Z  B  A
N  Č  D  N  M  G  K  A  R  T  O  N  A  K
D  V  Đ  I  C  B  O  C  A  N  H  Y  J  E
K  A  V  I  C  R  F  K  A  N  T  A  K  T
O  O  G  O  E  A  E  K  Đ  U  V  J  U  C
Z  F  Š  K  W  Đ  R  A  Y  Y  L  E  T  T
C  V  R  A  Đ  M  B  D  S  M  I  P  I  L
T  S  M  I  R  S  A  A  W  Y  O  Z  J  A
R  L  U  M  L  A  W  P  G  Y  Y  N  A  H
O  M  O  T  N  I  C  A  A  P  Y  T  S  N
V  A  Z  A  H  Z  F  V  B  G  U  Đ  U  J
```

BAČVA	BROD
TORBA	PAKET
BOCA	KUTIJA
OMOTNICA	KANTA
MAPA	DŽEP
KARTON	CIJEV
SANDUK	KOFER
LADICA	KADA
KOŠARA	VAZA

40 - Insetti

```
G S G R D U C W W B H U W G
C T M J D O E G L U Đ Y K D
G R C L U Ž N B U B A T O Z
O Š V I P Z O U V A E M K
M L F S F J V H P M P R A B
A J H N Z B G A A A W M R O
Z E K E M C T V A R J I A G
L N N U R M O L J A C T C O
A E K Š A S K A K A V A C M
R W P I V P Č E L A R A L O
V Đ B T T D B K L Z Č B Y L
A U Y H I M N N Đ V A Đ T J
O H J D P R O S A O K B V K
V I L I N K O N J I C F C A
```

LISNE UŠI   LARVA
PČELA   VILIN KONJIC
STRŠLJEN   BOGOMOLJKA
SKAKAVAC   BUHA
CVRČAK   ŽOHAR
BUBAMARA   TERMIT
BUBA   CRV
MOLJAC   OSA
LEPTIR   KOMARAC
MRAV

41 - Erboristeria

```
K T S Đ H K O M O R A Č O F
P Y T H I Y V L W T W H R I
A B O S I L J A K A Đ T I W
J Z J B T J C V L O W F G K
Č E Š N J A K A F I J W A U
A L R T I J U N A Z T P N L
R E C U R R T D V I O E O I
O N V D Ž E K A A T J Y T N
M Š I R Đ M P E R Š I N I A
A A J A T M A K O P A R M R
T F E G I D H R P Z N E I S
S R T U F V T R I E A A J K
K A H L M M A O E N F B A I
I N P J M E T V I C E S N P
```

ČEŠNJAK
KOPAR
AROMATSKI
BOSILJAK
KULINARSKI
DRAGULJ
KOMORAČ
CVIJET
VRT

LAVANDA
METVICE
ORIGANO
PERŠIN
KVALITETA
RUŽMARIN
TIMIJAN
ZELEN
ŠAFRAN

42 - Danza

```
K O R E O G R A F I J A T E
T D A K A D E M I J A P R M
I Z R A Ž A J A N W W S A O
Z N C P O T Z C S I T K D C
K T K F S I S D G W K O I I
R U U M J E T N O S T K C J
I P L L O B A R M V A I A
T N T T I J E L O I I W O D
A A U W U O Y Z N L D G N R
M Y R R P R O B A O N L A Ž
K L A S I Č N I L S I A L A
P A R T N E R I W T R Z A N
T J K R A D O S T A N B N J
P O K R E T M E Z L M A L E
```

AKADEMIJA
UMJETNOST
KLASIČNI
PARTNER
KOREOGRAFIJA
TIJELO
KULTURA
KULTURNI
EMOCIJA
IZRAŽAJAN

RADOSTAN
MILOST
POKRET
GLAZBA
DRŽANJE
PROBA
RITAM
SKOK
TRADICIONALAN
VIDNI

43 - Commedia

```
G H A I I O K R D Š B E H P
L U F M M V K L K J A B E L
U M I P A M E T A N Z L T J
M O K R T U V H Z U W E E E
A R L O F V P E A L N B L S
C P L V U H J V L B B O E A
S S M I J E H Y I S Ž S V K
E D Đ Z W A D J Š D A M I I
O V Z A B A V A T E N I Z W
G N N C Z C Y P E T R J I S
T H U I P U B L I K A E J E
F F K J G L U M I C A Š A W
V E P A R O D I J A H N H C
I Z R A Ž A J A N S O O G D
```

PLJESAK
GLUMAC
GLUMICA
KLAUNOVI
SMIJEŠNO
ZABAVA
IZRAŽAJAN
ŽANR
IMPROVIZACIJA

PAMETAN
PARODIJA
PUBLIKA
SMIJEH
ŠALE
KAZALIŠTE
TELEVIZIJA
HUMOR

44 - Scuola #1

```
O Y S D U T S A P B P B H T
L S T A E Č A T Y M E N J Z
O O O A T N I N O S Đ G T A
V T L D N C L T C L Y M P B
K O I C F Z A B E C E D A A
E L C B R J R N U L W Y P V
P O A R U Č A K P Č J C I A
H V G O D G O V O R I U R S
W K N J I Ž N I C A S T Đ S
M A T E M A T I K A P M I Đ
R C K V I Z Z E Đ S I A J I
Đ J R I D A G J U E T P K H
P R I J A T E L J I I E L Đ
U Č I O N I C A K N J I G E
```

ABECEDA
PRIJATELJI
UČIONICA
KNJIŽNICA
PAPIR
MAPE
ZABAVA
ISPITI
UČITELJ
KNJIGE

MATEMATIKA
OLOVKA
BROJEVI
OLOVKE
UČITI
RUČAK
KVIZ
ODGOVORI
STOL
STOLICA

45 - Fiori

```
V  L  L  I  L  A  C  M  A  K  T  A  R  T
O  R  H  I  D  E  J  A  B  T  U  G  U  R
P  W  I  H  A  Y  B  G  O  H  L  A  Ž  A
L  A  T  I  C  A  L  N  Ž  J  I  R  A  T
U  D  Z  B  J  D  A  O  U  I  P  D  B  I
M  J  B  I  V  V  V  L  R  A  A  E  I  N
E  E  N  S  N  N  A  I  V  B  N  N  P  Č
R  T  B  K  S  F  N  J  A  S  M  I  N  I
I  E  C  U  O  Đ  D  A  N  P  G  J  O  C
J  L  Z  S  K  M  A  S  L  A  Č  A  K  A
A  I  G  B  G  E  J  M  E  M  R  I  M  V
Đ  N  N  U  H  R  T  I  S  L  A  C  M  D
U  A  S  U  N  C  O  K  R  E  T  Đ  I  R
L  J  I  L  J  A  N  U  Z  S  D  B  B  S
```

MASLAČAK	BUKET
GARDENIJA	NARCIS
JASMIN	ORHIDEJA
LJILJAN	MAK
SUNCOKRET	BOŽUR
HIBISKUS	LATICA
LAVANDA	PLUMERIJA
LILA	RUŽA
MAGNOLIJA	DJETELINA
TRATINČICA	TULIPAN

46 - Ecologia

```
O Z F U H D W M T V L W H F
K P R I R O D N O E H Đ I A
L R S O J E E I A G S L R U
I Z L T D K C G J E T D A N
M Č V A R A F E T A Y Z A
A E K W N N Ž P L A N I N E
H U V R S T A I R C I P O G
B P H I W H B K V I Š O L L
Y I P R I R O D A J T M I O
K F L O R A S U Š A E O K B
B G V J R E S U R S I R O A
T Z F M E B J Y T F Y S S L
Z A J E D N I C E A E K T N
V O L O N T E R I D P I T O
```

KLIMA	PRIRODNO
ZAJEDNICE	MOČVARA
RAZNOLIKOST	BILJE
FAUNA	RESURSI
FLORA	SUŠA
GLOBALNO	OPSTANAK
STANIŠTE	ODRŽIV
POMORSKI	VRSTA
PLANINE	VEGETACIJA
PRIRODA	VOLONTERI

47 - Discipline Scientifiche

```
M E H A N I K A D U P F T M
A S T R O N O M I J A L E E
K Y B B Đ S E M M L R B R T
E H P B I O L O G I J A M E
M A S M N C C M M N B B O O
I M I H Y I F F D G I O D R
J Y H E P O W O B V O T I O
A I O I L L N M W I K A N L
U P L C D O F B F S E N A O
E K O L O G I J A T M I M G
C C G R Y I F Đ F I I K I I
A J I S Y J R A Đ K J A K J
S B J K E A L T U A A O A A
R N A F I Z I O L O G I J A
```

ASTRONOMIJA
BIOKEMIJA
BIOLOGIJA
BOTANIKA
KEMIJA
EKOLOGIJA
FIZIOLOGIJA

LINGVISTIKA
MEHANIKA
METEOROLOGIJA
PSIHOLOGIJA
SOCIOLOGIJA
TERMODINAMIKA

48 - Scienza

```
K P R O M A T R A N J E C L
E B E K S P E R I M E N T P
M G T L E Č E S T I C E B R
I R Đ A V I P L I A O H U I
J A U B O N M O M Z E A M R
S V O O L J Y E D M N Z O O
K I R R U E M B T A D I L D
I T G A C N Đ I N O C P E A
Đ A A T I I S Z N Z D I K U
P C N O J C I I P E U A U E
O I I R A A Z M Đ L R D L E
D J Z I Đ T J K L I M A E L
Đ A Đ J F O S I L E V J L I
K S M Đ R M F I Z I K A V I
```

ATOM
KEMIJSKI
KLIMA
PODACI
EKSPERIMENT
EVOLUCIJA
ČINJENICA
FIZIKA
FOSIL

GRAVITACIJA
LABORATORIJ
METODA
MINERALI
MOLEKULE
PRIRODA
ORGANIZAM
PROMATRANJE
ČESTICE

49 - Acqua

```
B O P O P L A V A R Đ E H S
J P A V C Z P L T U C G R R
F I R G L E D G E J Z I R I
I V A I S P A R A V A N J E
S N I J E G U N M K A N A L
O K Z G N A J Đ O I I I R V
L W F A C T E A N H W Š G L
A S J M R A Z A S Z P T A A
V A L O V I E T U Š G C Đ Ž
R I J E K A R T N R S F F N
L N F Z W F O J R Y A M S O
D Z P H K G S V L U W G G S
Z Đ C W S O N M O N Y J A T
N A V O D N J A V A N J E N
```

POPLAVA
KANAL
TUŠ
ISPARAVANJE
RIJEKA
MRAZ
GEJZIR
LED
NAVODNJAVANJE

JEZERO
MONSUN
SNIJEG
OCEAN
VALOVI
KIŠA
VLAŽNOST
URAGAN
PARA

50 - Gatti

```
Z  Đ  Z  V  B  S  T  I  D  LJ I  V  K
S  N  R  I  R  Y  P  M  A  L  E  N  U  R
O  W  A  N  Z  F  R  A  D  O  P  S  U  Z
F  G  S  T  O  R  E  D  V  V  F  M  O  N
M  I  Š  T  I  Đ  Đ  N  S  A  N  S  J  O
A  K  A  N  DŽ Ž  A  Z  A  C  T  M  T  E
D  O  A  F  M  R  E  P  I  C  O  I  Š  V
P  I  M  V  B  Z  L  L  C  G  S  J  A  K
R  E  V  E  A  D  U  N  J  R  O  E  P  Đ
V  E  W  L  F  L  D  U  Đ  A  B  Š  A  E
F  B  Đ  A  J  Z  Y  O  I  B  N  N  J  S
N  E  Z  A  V  I  S  N  A  Y  O  O  K  B
R  A  Z  I  G  R  A  N  V  M  S  D  I  K
B  O  A  J  S  H  I  E  H  V  T  V  G  G
```

KANDŽA
LOVAC
REP
ZNATIŽELJAN
SMIJEŠNO
SPAVATI
PREĐA
RAZIGRAN
NEZAVISNA

LUD
KRZNO
OSOBNOST
MALEN
DIVLJI
STIDLJIV
MIŠ
BRZO
ŠAPA

51 - Surf

```
P  L  A  Ž  A  E  P  J  E  N  A  G  J  U
R  P  E  I  E  Z  A  B  A  V  A  U  W  T
V  S  N  C  E  L  M  B  F  C  A  Ž  F  Đ
A  G  T  I  P  B  U  A  S  L  U  V  K  A
K  V  W  T  L  R  U  D  N  D  M  E  K  O
V  P  A  B  I  Z  A  U  A  S  P  R  E  J
E  A  C  L  V  I  Y  V  G  C  O  P  B  V
B  I  V  G  A  N  K  Z  A  E  P  O  J  E
S  P  O  R  T  A  Š  H  S  T  U  Č  L  S
T  M  C  E  I  R  N  G  J  I  L  E  A  L
I  A  E  B  B  J  L  B  R  T  A  T  P  O
L  S  A  E  S  A  E  W  R  L  R  N  N  V
C  K  N  N  N  Đ  Y  M  V  L  A  I  S  H
K  R  A  J  N  O  S  T  E  A  N  K  W  D
```

SPORTAŠ	VESLO
PRVAK	POPULARAN
ZABAVA	POČETNIK
KRAJNOST	PJENA
GUŽVE	GREBEN
SNAGA	PLAŽA
VRIJEME	SPREJ
PLIVATI	STIL
OCEAN	ŽELUDAC
VAL	BRZINA

52 - Imbarcazioni

```
P  Y  A  P  O  S  A  D  A  U  J  Z  N  H
O  N  Z  L  L  J  E  D  R  I  L  I  C  A
M  C  V  I  Z  U  C  S  C  L  P  W  S  B
O  Đ  K  M  G  P  T  S  P  L  A  V  S  T
R  T  P  A  N  U  R  A  K  A  U  Z  E  S
S  I  D  R  O  Z  A  C  Č  J  I  C  A  D
K  E  C  I  T  Y  J  W  Đ  A  K  K  W  W
I  P  Z  F  E  J  E  Z  E  R  O  A  W  P
M  O  T  O  R  A  K  P  O  B  I  J  N  D
O  O  I  R  I  H  T  A  C  O  Y  A  U  U
R  I  R  Y  J  T  I  U  E  L  L  K  C  B
N  U  R  E  E  A  E  V  A  L  O  V  I  O
A  B  Z  O  K  V  T  V  N  E  O  H  F  S
R  K  N  L  A  U  Ž  E  W  P  F  E  Z  L
```

JARBOL	MORE
SIDRO	PLIMA
JEDRILICA	MORNAR
PLUTAČA	MOTOR
KANU	POMORSKI
UŽE	OCEAN
POSADA	VALOVI
RIJEKA	TRAJEKT
KAJAK	JAHTA
JEZERO	SPLAV

53 - Api

C	S	F	M	E	D	T	P	Đ	C	U	K	Đ	K
V	U	D	I	M	K	P	E	L	U	D	M	G	R
I	N	V	R	Y	O	O	K	O	Š	N	I	C	A
J	C	P	O	A	K	G	S	S	E	B	V	P	L
E	E	K	J	S	Z	K	L	U	O	L	O	A	J
T	O	V	A	T	A	N	A	R	S	W	Ć	I	I
Z	P	R	R	A	Y	K	O	H	I	T	E	O	C
I	N	T	I	N	E	R	H	L	B	Y	A	O	A
M	S	Y	N	I	O	I	M	M	I	V	Z	V	A
I	C	U	C	Š	L	L	H	U	L	K	A	E	R
J	O	C	Y	T	K	A	R	H	J	U	O	I	N
R	V	W	L	E	Z	O	A	M	E	K	F	S	Y
A	U	K	O	R	I	S	N	O	I	A	L	U	T
C	V	I	J	E	Ć	E	A	L	G	C	P	C	Y

KRILA
KOŠNICA
KORISNO
VOSAK
HRANA
RAZNOLIKOST
EKOSUSTAV
CVIJEĆE
CVIJET
VOĆE

DIM
VRT
STANIŠTE
KUKAC
MED
BILJE
PELUD
KRALJICA
ROJ
SUNCE

54 - Conservazione

```
P  E  S  T  I  C  I  D  E  V  G  E  Đ  T
P  R  I  R  O  D  N  O  K  P  O  A  V  U
L  G  O  Y  D  N  Đ  N  O  F  C  D  R  S
Y  M  K  O  R  G  A  N  S  K  I  A  A  R
W  S  M  B  Ž  S  K  I  U  E  K  H  S  E
J  I  M  R  I  L  E  C  S  K  L  Z  T  C
Z  D  R  A  V  L  J  E  T  O  U  A  A  I
E  G  O  Z  N  S  H  N  A  L  S  G  N  K
L  S  M  O  D  J  F  O  V  O  R  A  I  L
E  Đ  L  V  O  K  I  R  H  Š  W  Đ  Š  I
N  A  F  A  O  E  G  T  L  K  L  E  T  R
H  S  C  N  M  M  R  K  I  I  U  N  E  A
I  G  D  J  Đ  Đ  N  A  G  F  M  J  Z  T
B  R  F  E  K  L  I  M  A  U  T  E  R  I
```

VODA	PRIRODNO
EKOLOŠKI	ORGANSKI
CIKLUS	PESTICID
KLIMA	RECIKLIRATI
EKOSUSTAV	SMANJITI
OBRAZOVANJE	ZDRAVLJE
STANIŠTE	ODRŽIV
ZAGAĐENJE	ZELEN

55 - Strumenti Musicali

```
B M N T R U B A Y F Z V G B
U P E H A R F A R A U G I Z
O V G P K M B V I G O N G K
G I T A R A B E B O B T F I
K L A V I R K U N T O H L R
E N W D L G L D R D A P A M
S H L N O W A A M A Ž P U A
I A H Đ M T R R A T Š O T N
C B K W I E I A R R P K A D
C Y P S N I N L I O J D I O
A H I O O I E J M M L Z V L
Y U Đ F Y F T K B B M J F I
B U B A N J O E A O K M V N
N Y V I O L I N A N S S E A
```

HARFA	OBOA
BENDŽO	UDARALJKE
GITARA	KLAVIR
KLARINET	SAKSOFON
FAGOT	TAMBURAŠKI
FLAUTA	BUBANJ
GONG	TRUBA
MANDOLINA	TROMBON
MARIMBA	VIOLINA

56 - Professioni #2

```
I  I  L  U  S  T  R  A  T  O  R  O  R  F
N  Z  K  I  S  T  R  A  Ž  I  T  E  L  J
Ž  W  U  Z  U  B  A  R  V  R  T  L  A  R
E  K  D  M  C  K  C  F  J  N  U  R  G  S
N  J  E  Z  I  K  O  S  L  O  V  A  C  U
J  U  N  A  D  T  U  K  L  V  F  F  A  Č
E  C  K  B  T  E  E  P  B  I  I  O  S  I
R  S  L  I  K  A  R  L  N  N  L  T  T  T
I  F  N  O  R  M  P  R  J  A  O  O  R  E
Đ  I  V  L  I  U  N  I  J  R  Z  G  O  L
H  T  Y  O  T  L  R  H  L  I  O  R  N  J
V  S  F  G  K  O  U  G  O  O  F  A  A  U
K  N  J  I  Ž  N  I  Č  A  R  T  F  U  V
C  C  W  R  L  I  J  E  Č  N  I  K  T  F
```

ASTRONAUT	ILUSTRATOR
KNJIŽNIČAR	INŽENJER
BIOLOG	UČITELJ
KIRURG	IZUMITELJ
ZUBAR	ISTRAŽITELJ
FILOZOF	JEZIKOSLOVAC
FOTOGRAF	LIJEČNIK
VRTLAR	PILOT
NOVINAR	SLIKAR

57 - Letteratura

```
O  A  D  A  H  D  D  K  R  I  T  A  M  B
T  P  N  Y  F  L  Y  Z  O  Ž  P  N  U  I
M  E  I  A  P  J  E  S  M  A  J  A  S  O
G  V  M  S  L  F  A  P  A  N  E  L  P  G
A  S  T  A  F  I  U  Z  N  R  S  O  O  R
Z  N  I  P  I  S  Z  E  V  A  N  G  R  A
A  D  E  W  G  M  K  A  C  U  I  I  E  F
M  I  Š  L  J  E  N  J  E  T  Č  J  D  I
O  J  O  G  A  H  S  V  S  O  K  A  B  J
Z  A  K  L  J  U  Č  A  K  R  I  T  A  A
S  L  M  E  T  A  F  O  R  A  H  Đ  F  G
T  O  B  I  Z  Y  A  N  E  G  D  O  T  A
I  G  Đ  O  K  R  B  F  R  I  M  A  H  P
L  T  R  A  G  E  D  I  J  A  T  H  F  H
```

ANALIZA	METAFORA
ANALOGIJA	MIŠLJENJE
ANEGDOTA	PJESMA
AUTOR	PJESNIČKI
BIOGRAFIJA	RIMA
ZAKLJUČAK	RITAM
USPOREDBA	ROMAN
OPIS	STIL
DIJALOG	TEMA
ŽANR	TRAGEDIJA

58 - Cibo #2

```
S  P  B  P  I  T  R  A  J  Č  I  C  A  W
Č  I  J  Š  K  R  U  H  T  T  J  K  R  V
O  L  R  E  S  E  K  I  V  I  O  O  T  D
K  E  F  N  C  Š  B  A  N  A  N  A  E  Y
O  T  E  I  Đ  N  H  H  G  R  O  Ž  Đ  E
L  I  M  C  E  J  A  B  U  K  A  D  Y  R
A  N  W  A  P  A  T  L  I  D  Ž  A  N  I
D  A  C  E  L  E  R  Š  J  U  N  R  Đ  B
A  J  O  G  U  R  T  U  I  H  D  T  F  A
B  R  O  K  U  L  A  N  Y  O  D  O  C  S
R  I  Ž  A  H  H  O  K  G  L  J  I  V  A
U  K  B  P  J  M  A  A  W  F  M  A  L  Y
J  I  E  L  D  W  Đ  M  I  O  Y  L  J  I
E  F  H  G  Y  E  B  D  P  V  C  W  P  E
```

BANANA	KRUH
BROKULA	RIBA
TREŠNJA	PILETINA
ČOKOLADA	RAJČICA
SIR	ŠUNKA
GLJIVA	RIŽA
PŠENICA	CELER
KIVI	JAJE
JABUKA	GROŽĐE
PATLIDŽAN	JOGURT

59 - Nutrizione

```
T  M  W  R  W  L  A  P  E  T  I  T  D  S
Đ  E  G  O  K  C  H  O  K  U  S  E  I  G
Z  G  K  A  F  R  U  S  V  R  E  N  J  E
A  O  A  U  W  Z  D  R  A  V  V  U  E  N
Č  R  L  G  Ć  F  K  M  L  T  I  R  T  M
I  A  O  H  K  I  L  A  I  E  T  A  A  H
N  K  R  E  R  S  N  K  T  Ž  A  V  C  B
I  K  I  A  T  A  Đ  E  E  I  M  N  Đ  C
T  U  J  R  M  O  N  Y  T  N  I  O  R  Đ
J  O  E  U  M  A  K  L  A  A  N  T  N  K
P  R  O  B  A  V  A  S  J  Đ  M  E  W  U
Z  D  R  A  V  L  J  E  I  I  F  Ž  N  M
J  E  S  T  I  V  O  G  O  N  V  E  O  S
L  R  B  L  Z  P  R  O  T  E  I  N  I  G
```

GORAK	HRANLJIV
APETIT	TEŽINA
URAVNOTEŽEN	PROTEINI
KALORIJE	KVALITETA
JESTIVO	UMAK
DIJETA	ZDRAVLJE
PROBAVA	ZDRAV
VRENJE	ZAČINI
OKUS	TOKSIN
TEKUĆINE	VITAMIN

60 - Matematica

```
P T E T O G V P D O C K M L
V Z I C Đ L O O O R W S P L
O P S E G A L L A D V I A A
L R B U T L U I W E J M R C
N O A L M A M G U C G E A K
C M K U A A E O R I E T L V
M J C W D M N N T M O R E A
P E R I M E T A R A M I L D
F R A K C I J A O L E J O R
A R I T M E T I K A T A G A
K U T O V I T B U D R G R T
E P R A V O K U T N I K A T
E K S P O N E N T D J Z M Y
P A R A L E L N O P A K M T
```

KUTOVI
ARITMETIKA
OPSEG
DECIMALA
PROMJER
PODJELA
EKSPONENT
FRAKCIJA
GEOMETRIJA
PARALELNO

PARALELOGRAM
PERIMETAR
POLIGON
KVADRAT
PRAVOKUTNIK
SIMETRIJA
SUMA
TROKUT
VOLUMEN

61 - Meditazione

```
C  A  S  U  M  D  B  P  P  H  U  E  L  D
A  Z  D  K  I  I  G  Z  R  M  P  M  J  R
P  S  V  F  Đ  S  L  A  I  L  E  I  K  Ž
P  R  Đ  S  C  A  A  H  H  J  R  R  T  A
P  J  I  H  T  N  Z  V  V  U  S  A  T  N
L  T  P  R  C  J  B  A  A  B  P  N  E  J
D  P  U  O  O  E  A  Ć  A  E  T  M  E
K  B  F  G  K  D  U  N  A  Z  K  I  O  U
M  I  S  L  I  R  A  O  N  N  T  Š  C  M
M  K  M  B  F  Y  E  S  J  O  I  I  M
J  Y  I  E  A  H  D  T  E  S  V  N  J  P
E  E  R  P  A  Ž  N  J  A  T  A  A  E  J
Y  P  F  J  A  S  N  O  Ć  A  E  Đ  V  L
V  S  U  O  S  J  E  Ć  A  N  J  E  E  Y
```

PRIHVAĆANJE
PAŽNJA
MIRAN
JASNOĆA
SUOSJEĆANJE
EMOCIJE
LJUBAZNOST
ZAHVALNOST
UM

POKRET
GLAZBA
PRIRODA
MIR
MISLI
DRŽANJE
PERSPEKTIVA
DISANJE
TIŠINA

62 - Estate

```
O  P  U  Š  T  A  N  J  E  I  A  U  D  P
R  O  N  J  E  N  J  E  F  G  P  A  B  R
S  A  O  A  J  E  F  K  K  R  P  R  Y  I
A  O  D  M  Y  D  G  A  A  E  V  R  T  J
N  D  O  O  B  W  L  W  M  P  L  A  Ž  A
D  M  M  R  S  Z  A  N  P  O  K  S  Đ  T
A  O  S  E  W  T  Z  V  I  J  E  Z  D  E
L  R  C  D  I  H  B  C  R  I  O  P  S  L
E  K  R  B  Y  J  A  A  A  S  B  L  C  J
F  F  N  H  R  A  N  A  N  E  I  I  P  I
E  K  S  J  E  Ć  A  N  J  A  T  V  T  M
K  M  H  K  I  K  J  J  E  M  E  A  Z  G
W  T  G  C  B  G  N  E  O  D  L  T  L  T
K  K  Đ  G  C  B  E  B  B  W  J  I  P  O
```

PRIJATELJI	MORE
KAMPIRANJE	GLAZBA
DOM	PLIVATI
HRANA	SJEĆANJA
OBITELJ	OPUŠTANJE
VRT	SANDALE
IGRE	PLAŽA
RADOST	ZVIJEZDE
RONJENJE	ODMOR
KNJIGE	

63 - Escursionismo

```
K A M P I R A N J E L I P T
P L A N I N A V A H R K R E
O R I J E N T A C I J A I Š
U P M F S P T M R V O M P K
M K A R T A A C M O Y E R A
O L W S C A W R V D I N E V
R I S U N C E E K A D J M O
N M I E R O V U C O M E A D
I A R E I M S G A W V B Y I
L I T I C A U T Č P E I N Č
P R I R O D A D I V L J I I
P H D P U T P C Z N S G J D
B C M A V Đ K O M A R C I J
Ž I V O T I N J E Z W Đ I E
```

VODA	OPASNOSTI
ŽIVOTINJE	TEŠKA
KAMPIRANJE	KAMENJE
KLIMA	PRIPREMA
VODIČI	LITICA
KARTA	DIVLJI
PLANINA	SUNCE
PRIRODA	UMORNI
ORIJENTACIJA	ČIZME
PARKOVI	KOMARCI

64 - Professioni #1

```
C J O N P M O R N A R Y P O
J O O J L I J E Č N I K L W
C B K P J N J B A N O J E P
Z U R G L O V A C F S R S G
G N M N T F K N N G K K A C
E Z A J T P E K V I A A Č P
O Y P N E N S A Z A S R I S
L E Y M S T U R F P T T C I
O S Z F M T N J A G R O A H
G B L D H R V I H A O G V O
U Đ A N J E N E K G N R M L
H B T A O N T I N T O A Đ O
G L A Z B E N I K I M F F G
H J R O U R E D N I K J P S
```

TRENER	GEOLOG
UMJETNIK	ZLATAR
ASTRONOM	MORNAR
PLESAČICA	LIJEČNIK
BANKAR	GLAZBENIK
LOVAC	PIJANIST
KARTOGRAF	PSIHOLOG
UREDNIK	ZNANSTVENIK

65 - Antartide

```
K E K S P E D I C I J A V M
T I W Y D I U M K F Z R N I
N S T J E N O V I T A L K G
R S P O L U O T O K L O E R
O G E U V O D A U A J Đ B A
L K O N T I N E N T E V U C
V E O B L A C I W P V Đ U I
B K D I S T R A Ž I V A Č J
Y F T E M P E R A T U R A A
L Z R M N M I N E R A L I P
R E O K I J O T O C I Z I Y
G D D W Z N A N S T V E N L
R K F S I W Z C O K O L I Š
L G E O G R A F I J A L B C
```

VODA	MIGRACIJA
OKOLIŠ	MINERALI
ZALJEV	OBLACI
KITOVI	POLUOTOK
KONTINENT	ISTRAŽIVAČ
GEOGRAFIJA	STJENOVITA
LEDENJACI	ZNANSTVEN
LED	EKSPEDICIJA
OTOCI	TEMPERATURA

66 - Libri

```
R  K  A  V  A  N  T  U  R  A  U  T  O  R
P  R  I  P  O  V  J  E  D  A  Č  Č  C  Z
I  N  V  E  N  T  I  V  N  I  N  I  S  V
S  T  R  A  N  I  C  A  S  O  O  T  E  F
L  O  D  U  A  L  N  O  S  T  S  A  R  D
A  U  C  G  P  C  Y  D  E  S  U  Č  I  L
N  S  P  R  I  Č  A  B  L  P  D  D  J  T
U  T  L  K  S  P  O  E  Z  I  J  A  A  R
R  Z  R  D  A  L  I  N  Z  B  I  R  K  A
O  T  A  V  N  K  O  N  T  E  K  S  T  G
M  R  E  L  E  V  A  N  T  A  N  F  T  I
A  L  I  T  E  R  A  R  N  I  W  P  T  Č
N  V  P  O  V  I  J  E  S  N  I  P  S  N
N  B  F  R  T  D  U  H  O  V  I  T  S  O
```

AUTOR	STRANICA
AVANTURA	POEZIJA
ZBIRKA	RELEVANTAN
KONTEKST	ROMAN
DUALNOST	NAPISAN
EP	SERIJA
INVENTIVNI	PRIČA
LITERARNI	POVIJESNI
ČITAČ	TRAGIČNO
PRIPOVJEDAČ	DUHOVIT

67 - Geografia

```
I  K  H  K  G  R  A  D  O  Y  G  T  F  P
V  Đ  K  O  K  Š  I  R  I  N  A  A  Z  N
P  L  A  N  I  N  A  J  D  U  Ž  I  N  A
I  P  R  T  E  D  S  J  E  V  E  R  T  P
O  M  T  I  R  H  J  U  G  K  M  M  L  O
L  B  A  N  R  E  G  I  J  A  A  O  U  D
R  A  S  E  H  M  A  T  L  A  S  R  H  R
Đ  P  J  N  R  I  F  D  U  D  U  E  Đ  U
K  Z  V  T  Z  S  V  I  S  I  N  A  K  Č
M  E  L  Z  M  F  V  V  S  H  B  H  D  J
J  M  F  R  M  E  R  I  D  I  J  A  N  E
T  L  S  O  P  R  C  K  J  O  T  M  Z  Z
F  J  C  C  R  A  E  R  M  E  I  H  B  V
V  A  Z  A  P  A  D  F  F  O  T  O  K  I
```

VISINA	MORE
ATLAS	MERIDIJAN
GRAD	SVIJET
KONTINENT	PLANINA
HEMISFERA	SJEVER
RIJEKA	ZAPAD
OTOK	ZEMLJA
ŠIRINA	REGIJA
DUŽINA	JUG
KARTA	PODRUČJE

68 - Cibo #1

```
A  B  T  G  G  F  C  G  M  H  Š  O  W  F
L  A  E  L  T  W  V  S  R  E  P  A  O  O
B  S  G  V  U  O  W  P  K  L  I  M  U  N
M  O  N  B  L  U  G  O  V  U  N  E  G  G
E  L  S  Č  E  Š  N  J  A  K  A  S  G  Z
T  Z  A  I  C  M  C  K  N  C  T  O  T  F
V  H  L  T  L  W  C  I  M  E  T  L  S  M
I  J  A  R  U  J  A  G  O  D  A  B  O  J
C  V  T  Z  Đ  N  A  T  O  R  T  A  K  E
E  Đ  A  C  P  Z  A  K  R  U  Š  K  A  Č
E  R  S  D  I  T  M  L  I  J  E  K  O  A
S  P  C  Y  M  N  S  W  Š  E  Ć  E  R  M
P  V  R  M  D  B  I  R  D  V  I  M  K  T
C  Z  F  Đ  M  I  C  J  U  B  F  Y  P  R
```

ČEŠNJAK   METVICE
BOSILJAK   JEČAM
CIMET   KRUŠKA
MESO   REPA
MRKVA   SOL
LUK   ŠPINAT
JAGODA   SOK
SALATA   TUNA
MLIJEKO   TORTA
LIMUN   ŠEĆER

69 - Aeroplani

```
R  K  V  D  I  Z  A  J  N  N  M  R  R  M
A  S  L  I  J  E  T  A  N  J  E  P  W  B
O  Y  G  O  N  B  G  M  G  A  H  T  F  W
V  I  S  I  N  A  T  M  O  S  F  E  R  A
Đ  I  F  D  M  L  C  I  R  T  L  T  L  N
O  S  G  Đ  K  O  W  Z  I  V  O  A  R  E
O  A  P  I  P  N  N  G  V  E  W  R  D  B
P  V  O  D  I  K  O  R  O  N  O  G  Đ  O
V  A  S  I  L  A  Z  A  K  J  F  I  O  K
G  N  A  U  O  T  E  D  J  S  M  O  Y  M
F  T  D  V  T  O  J  N  A  S  M  J  E  R
P  U  A  P  O  V  I  J  E  S  T  H  B  F
Z  R  A  K  R  V  A  A  P  U  T  N  I  K
N  A  P  U  H  A  T  I  O  T  G  M  J  D
```

VISINA	SILAZAK
ZRAK	POSADA
ATMOSFERA	NAPUHATI
SLIJETANJE	VODIK
AVANTURA	MOTOR
GORIVO	BALON
NEBO	PUTNIK
IZGRADNJA	PILOT
DIZAJN	POVIJEST
SMJER	

70 - Pirati

```
B  L  A  G  O  P  Z  L  A  T  O  O  E  T
P  O  S  A  D  A  Š  M  E  T  D  F  T  Y
K  Z  I  L  Đ  P  S  P  R  G  H  E  K  E
O  H  D  O  A  I  O  B  I  R  E  G  U  A
V  R  R  Š  Y  G  O  Ž  M  L  Y  N  L  S
A  S  O  E  W  A  T  A  I  R  J  B  D  K
N  P  L  A  Ž  A  O  B  W  L  K  A  G  A
I  L  Đ  V  R  P  K  R  R  E  J  V  A  P
C  F  R  U  M  K  O  M  P  A  S  A  O  E
E  A  U  Z  A  S  T  A  V  A  E  N  K  T
E  V  G  F  Č  T  Đ  T  S  F  B  T  A  A
F  R  W  O  Y  S  Y  T  J  V  R  U  R  N
D  N  N  P  G  A  J  M  S  M  S  R  T  E
O  P  A  S  N  O  S  T  R  B  N  A  A  Đ
```

SIDRO	LEGENDA
AVANTURA	KARTA
ZASTAVA	KOVANICE
KOMPAS	ZLATO
KAPETAN	PAPIGA
LOŠE	OPASNOST
OŽILJAK	RUM
POSADA	MAČ
ŠPILJA	PLAŽA
OTOK	BLAGO

71 - Colori

```
F  L  Y  E  B  I  J  E  L  I  Z  Ž  N  R
L  U  Đ  H  E  Z  N  M  U  B  T  U  A  B
F  U  K  F  Ž  I  A  D  C  D  Z  T  R  Y
M  D  U  S  K  S  E  P  I  J  A  A  A  M
E  W  D  E  I  N  P  M  J  G  H  B  N  A
P  L  A  V  A  J  Y  Z  A  D  O  O  Č  G
S  C  R  V  E  N  A  M  N  K  F  J  A  E
I  Z  B  R  U  Ž  I  Č  A  S  T  A  O  N
V  S  E  T  V  Y  F  Z  M  G  E  Y  T
A  R  N  L  D  G  D  C  Y  E  P  T  Y  A
V  N  I  R  E  N  O  B  Y  Đ  I  M  T  M
I  J  F  C  R  N  A  O  J  H  M  Z  Y  K
L  J  U  B  I  Č  A  S  T  A  A  N  W  T
I  P  K  H  P  D  G  L  T  K  Y  U  Z  R
```

NARANČA

BEŽ

BIJELI

PLAVA

CIJAN

FUKSIJA

ŽUTA BOJA

SIVA

INDIGO

MAGENTA

SMEĐ

CRNA

RUŽIČASTA

CRVENA

SEPIJA

ZELEN

LJUBIČASTA

72 - Spiaggia

```
L F J N L V T O U A D L U J
F E M E P I J E S A K A Y V
J Đ R Đ D U L W H V Đ G G O
U V F Č H R Z I N N O U B Z
M P L A V A I S F S T N Đ S
E R J M Đ K O L U M I A W K
M M U A O I B T I N S U Y N
G O D C T Š A E O C C J T D
O R Y P O O L T U Đ A E W I
D E E T K B A S A N D A L E
M V J B J R R U Č N I K A E
O F O C E A N J I M R K U Z
R P P T W N P L I V A T I J
P R I S T A N I Š T E B B D
```

RUČNIK

ČAMAC

JEDRILICA

PLAVA

OBALA

PRISTANIŠTE

RAK

OTOK

LAGUNA

MORE

PLIVATI

OCEAN

KIŠOBRAN

PIJESAK

SANDALE

GREBEN

SUNCE

ODMOR

73 - Avventura

```
I  T  I  N  E  R  A  R  P  S  E  Y  N  N
P  R  I  J  A  T  E  L  J  I  N  F  B  A
P  R  I  R  O  D  A  H  W  G  T  P  T  V
N  O  V  O  Z  N  D  J  Y  U  U  I  E  I
I  Z  A  Z  O  V  I  P  G  R  Z  Z  Š  G
L  P  K  O  P  A  S  N  O  N  I  L  K  A
J  R  T  D  E  H  O  C  N  O  J  E  O  C
E  I  I  R  E  L  R  G  I  S  A  T  Ć  I
P  P  V  E  Y  L  E  A  A  T  Z  Z  A  J
O  R  N  D  B  P  Z  U  B  G  A  A  L  A
T  E  O  I  V  V  B  J  K  R  M  C  R  L
A  M  S  Š  R  A  D  O  S  T  O  M  A  M
R  A  T  T  P  R  I  L  I  K  A  S  Đ  S
W  J  H  E  N  E  O  B  I  Č  N  O  T  N
```

PRIJATELJI
AKTIVNOST
LJEPOTA
PRILIKA
HRABROST
ODREDIŠTE
TEŠKOĆA
ENTUZIJAZAM
IZLET
RADOST

NEOBIČNO
ITINERAR
PRIRODA
NAVIGACIJA
NOVO
OPASNO
PRIPREMA
IZAZOVI
SIGURNOST

74 - Forme

```
K  P  O  L  I  G  O  N  C  G  V  J  N  L
L  V  I  A  G  E  L  I  P  S  A  T  C  U
K  P  A  R  U  B  O  V  I  T  J  R  K  K
P  R  D  D  A  H  I  P  E  R  B  O  L  A
M  A  U  S  R  M  K  B  K  A  F  K  P  V
F  V  K  G  W  A  I  D  Y  N  J  U  R  C
K  O  R  T  P  E  T  D  Y  A  A  T  I  I
U  K  I  U  I  U  K  N  A  K  Đ  S  Z  L
T  U  V  S  Y  J  O  S  F  E  R  A  M  I
W  T  U  S  A  K  N  K  R  P  N  L  A  N
U  N  L  E  O  Đ  U  O  V  M  T  W  W  D
N  I  J  A  I  N  S  C  E  G  C  R  T  A
H  K  A  D  W  G  R  K  O  R  Z  N  T  R
O  V  A  L  A  N  O  A  O  R  W  G  L  K
```

KUT	STRANA
LUK	CRTA
RUBOVI	OVALAN
KRUG	PIRAMIDA
CILINDAR	POLIGON
KONUS	PRIZMA
KOCKA	KVADRAT
KRIVULJA	PRAVOKUTNIK
ELIPSA	SFERA
HIPERBOLA	TROKUT

75 - Oceano

```
J  S  K  G  G  N  G  U  G  P  M  K  H  Đ
B  O  O  K  A  M  E  N  I  C  A  O  O  A
R  L  R  I  B  A  C  S  J  O  S  R  B  J
A  V  N  T  Đ  M  U  O  L  U  J  A  O  B
K  N  J  T  V  W  W  S  K  I  T  L  T  Č
E  U  A  P  L  I  M  E  P  D  H  J  N  A
G  G  Č  M  E  D  U  Z  A  U  D  A  I  M
A  R  A  H  E  G  E  Z  E  P  Ž  I  C  A
B  J  E  G  U  L  J  A  I  I  J  V  A  C
C  Y  M  B  Đ  T  T  T  U  N  A  A  A  D
G  P  R  T  E  H  K  Y  E  L  D  L  R  H
T  Z  P  N  O  N  G  Z  F  Y  R  O  L  U
Š  K  A  M  P  I  H  G  K  P  I  V  C  A
M  O  R  S  K  I  P  A  S  H  P  I  I  V
```

JEGULJA	KAMENICA
KIT	RIBA
ČAMAC	HOBOTNICA
KORALJA	SOL
DUPIN	GREBEN
ŠKAMPI	SPUŽVA
RAK	MORSKI PAS
PLIME	KORNJAČA
MEDUZA	OLUJA
VALOVI	TUNA

76 - Famiglia

```
L  Đ  D  T  E  B  F  H  H  M  E  G  Z  I
S  Z  Z  N  D  J  E  C  A  N  G  Z  H  S
G  W  Y  B  O  N  E  L  U  Y  L  V  M  D
F  U  G  O  B  D  G  I  B  N  E  Ć  A  K
D  J  E  T  I  N  J  S  T  V  O  L  J  D
B  A  K  A  F  P  R  E  D  A  K  T  Č  I
M  K  Đ  C  K  P  H  S  D  Y  Đ  C  I  J
S  U  P  R  U  G  A  T  B  R  A  T  N  E
F  M  Ž  P  Z  L  A  R  K  V  E  T  S  T
O  Č  I  N  S  K  I  A  R  Ć  A  E  K  E
B  L  I  Z  A  N  C  I  O  J  I  T  I  L
S  Z  F  D  I  Y  G  A  Đ  T  F  K  G  J
V  O  G  B  A  Đ  V  M  A  J  K  A  R  N
L  Z  T  G  V  J  T  F  K  J  A  L  F  Y
```

PREDAK	MAJČINSKI
DJECA	SUPRUGA
DIJETE	NEĆAK
ROĐAK	BAKA
KĆI	DJED
BRAT	OTAC
BLIZANCI	OČINSKI
DJETINJSTVO	SESTRA
MAJKA	TETKA
MUŽ	UJAK

77 - Veicoli

```
P O D M O R N I C A F I R K
H V L A K Đ A A G U M E P A
E E R A K E T A I T Y R O R
Č S L H I T N A P O M O Ć A
A K B I C I K L R B S Y D V
M U I S K N O J Č U N A K A
A T B A M O T O R S J K I N
C E U R E F P S P L A V E N
Đ R F L Đ A U T O M O B I L
R E M L H O D T E K T O Y T
T R A J E K T A B R U U E F
Z V V I Z R A K O P L O V W
T R A K T O R S H Đ N W Y R
J V M Z Z K N I K A M I O N
```

ZRAKOPLOV
HITNA POMOĆ
AUTOMOBIL
AUTOBUS
ČAMAC
BICIKL
KAMION
KARAVAN
HELIKOPTER
MOTOR

ČUNAK
GUME
RAKETA
SKUTER
PODMORNICA
TAKSI
TRAJEKT
TRAKTOR
VLAK
SPLAV

78 - Emozioni

```
O B U N L M I R A N M Z Đ L
L L Z E L O I N A Đ U I O J
A A L U J L U J K D V B R U
K Ž S G U L M E Z W O B W B
Š E T O B A M Ž A Đ Z S D A
A N R D A S G N H G D B T V
N S A N Z A D O V O L J A N
J T H O N D O S A D A U D Y
E V J Y O R C T L U J Z N V
W O Z P S Ž D K A F Đ B C J
H M Z U T A V M N S T U G A
U N C B I J E S I T D Đ B N
I Z N E N A Đ E N J E E O L
S I M P A T I J A G I N U N
```

LJUBAV
BLAŽENSTVO
MIRAN
SADRŽAJ
UZBUĐEN
LJUBAZNOST
RADOST
ZAHVALAN
NEUGODNO
DOSADA

MIR
STRAH
BIJES
OLAKŠANJE
SIMPATIJA
ZADOVOLJAN
IZNENAĐENJE
NJEŽNOST
TUGA

79 - Natura

```
B W L E D E N J A K Đ M T A
I E S K L O N I Š T E U S R
T R Z G B Ž D Y S U T H V K
A O B L A C I I U A T S E T
N Z H J L W V V Š U M A T I
R I J E K A L Z O G J K I K
P J U P M R J K P T E P Š P
L A Z O P A I Z F R I T T P
A I L T L R G K S O I N E R
N V Š A P Č E L E P E W J W
I M F Ć K F V M A S V S C E
N K A M E B S P O K O J A N
E I E W P P U S T I N J A M
D I N A M I Č A N J P T Đ Z
```

ŽIVOTINJE	LEDENJAK
PČELE	PLANINE
ARKTIK	MAGLA
LJEPOTA	OBLACI
PUSTINJA	SKLONIŠTE
DINAMIČAN	SVETIŠTE
EROZIJA	DIVLJI
RIJEKA	SPOKOJAN
LIŠĆE	TROPSKI
ŠUMA	BITAN

80 - Balletto

```
S  K  L  A  D  A  T  E  L  J  S  G  K  I
E  P  B  W  L  J  G  P  E  V  T  E  O  Z
M  O  D  N  K  V  K  L  M  G  I  S  R  R
N  B  M  W  R  D  G  E  A  A  L  T  E  A
P  L  J  E  S  A  K  S  P  Z  Đ  A  O  Ž
M  R  P  R  A  K  S  A  U  P  B  C  G  A
R  I  T  A  M  K  Y  Č  B  R  A  A  R  J
M  I  Š  I  Ć  I  L  I  L  O  L  V  A  A
O  R  K  E  S  T  A  R  I  B  E  R  F  N
P  J  B  T  E  H  N  I  K  A  R  E  I  P
Y  G  R  A  C  I  O  Z  A  N  I  B  J  K
U  M  J  E  T  N  I  Č  K  I  N  Y  A  Z
I  N  T  E  N  Z  I  T  E  T  A  Đ  H  Z
Z  V  V  J  E  Š  T  I  N  A  V  W  I  T
```

VJEŠTINA	INTENZITET
PLJESAK	MIŠIĆI
UMJETNIČKI	GLAZBA
BALERINA	ORKESTAR
PLESAČI	PRAKSA
SKLADATELJ	PROBA
KOREOGRAFIJA	PUBLIKA
IZRAŽAJAN	RITAM
GESTA	STIL
GRACIOZAN	TEHNIKA

81 - Castelli

```
B P J T W R U M R Đ K I P T
P R I N C E Z A A I R V L O
D I N A S T I J A Č U C E R
F E U D A L N I Y Z N A M A
Z Z I D T L V F V N A R E N
K R A L J E V S T V O S N J
K O W C K R I W V P K T I P
I A N W Y W T G R F L V T A
P C T J F U E I Đ C O O I L
E H V A S F Z M A J P Đ G A
T P E Đ P W J L V I R L G Č
B P D Y K U G J A W I N B A
E G Đ K M J L M V P N K G V
I H C A D A Š T I T C K E K
```

OKLOP	PLEMENITI
KATAPULT	PALAČA
VITEZ	ZID
KONJ	PRINC
KRUNA	PRINCEZA
DINASTIJA	KRALJEVSTVO
ZMAJ	ŠTIT
FEUDALNI	MAČ
TVRĐAVA	TORANJ
CARSTVO	

82 - Campionato

```
F U H L L R R M P W T G Y N
O K M H R R R O R C I I B W
T U R N I R F T V U Z M M F
R I P H S P S I E N D Đ O Y
E Z I C P O U V N P R V A K
N V Y G O B D A S A Ž O U Y
E O C Đ R J A C T O L I G A
R Đ E O T E C I V D J I Z Z
W E U U S D Z J O M I F S Đ
C N O L K A G A P W V R T T
V J U N I B F D I N O Y O P
M E D A L J A W E V S Đ L Đ
S T R A T E G I J A T V A R
Z N O J E N J E Đ G K Đ V M
```

TRENER
PRVENSTVO
PRVAK
FINALIST
IGRE
SUDAC
LIGA
MEDALJA
MOTIVACIJA

IZVOĐENJE
IZDRŽLJIVOST
SPORTSKI
TIM
STRATEGIJA
ZNOJENJE
TURNIR
POBJEDA

83 - Foresta Pluviale

```
P H T Y N W M Đ F P C K Y O
T Z Z D R S D B M O U L C Č
I V R S T A J F L Š G I U U
C O B L A C I J O T A M T V
E Ž U N G L A S O U A O A
B O T A N I Č K I V T M Č N
Y Z V T L W I R S A O A I J
O E P R I R O D A N H H Š E
R M O N V K D A V J T O T O
H C J T I O U D C E O V E B
S I A D H L K K I H N I A N
O P S T A N A K C P O N T O
V R I J E D A N E I P A Z V
Z A J E D N I C A D M Z L A
```

VODOZEMCI
BOTANIČKI
KLIMA
ZAJEDNICA
DŽUNGLA
AUTOHTONO
KUKCI
SISAVCI
MAHOVINA
PRIRODA

OBLACI
OČUVANJE
VRIJEDAN
OBNOVA
UTOČIŠTE
POŠTOVANJE
OPSTANAK
VRSTA
PTICE

84 - Edifici

```
S U P E R M A R K E T A B U
K A B I N A M N Đ I O N P U
S T A N R I E O P I O I C A
T V O R N I C A H O S T E L
A R Đ G O Y O U H W H V T Đ
J V V A S T A D I O N H W Đ
A E Đ B A G E R J B T C J E
B T M S K F Š K O L A E E M
L O K A Z A L I Š T E D L U
I R L K O R K D M S R V F Z
B A W N M M O I L V M D W E
E N R S I A T C N E F Đ E J
S J C U H C F D V O R A C L
P D C D C Š A T O R B O G R
```

STAN   BOLNICA
KABINA   HOSTEL
DVORAC   ŠKOLA
KINO   STADION
TVORNICA   SUPERMARKET
FARMA   KAZALIŠTE
STAJA   ŠATOR
HOTEL   TORANJ
MUZEJ

85 - Paesi #2

```
D  G  S  F  Đ  B  Y  S  R  U  S  I  J  A
A  O  R  U  P  A  K  I  S  T  A  N  J  G
N  C  W  Č  D  K  Z  R  U  R  H  D  L  B
S  I  R  S  K  A  F  I  G  Đ  V  O  K  N
K  M  G  L  Z  A  N  J  A  P  A  N  M  Z
A  A  M  U  K  L  L  A  N  M  V  E  I  J
U  H  J  F  C  D  L  B  D  B  R  Z  I  A
K  E  T  I  O  P  I  J  A  L  M  I  L  M
R  N  E  P  A  L  B  B  H  N  S  J  A  A
A  B  Z  T  P  L  E  J  A  J  I  A  O  J
J  Đ  J  K  S  U  R  G  I  B  J  J  S  K
I  O  T  Đ  E  R  I  O  T  F  Z  K  A  A
N  I  G  E  R  I  J  A  I  A  K  E  E  U
A  N  K  O  N  K  A  M  E  K  S  I  K  O
```

ALBANIJA
DANSKA
ETIOPIJA
JAMAJKA
JAPAN
GRČKA
HAITI
INDONEZIJA
IRSKA
LAOS

LIBERIJA
MEKSIKO
NEPAL
NIGERIJA
PAKISTAN
RUSIJA
SIRIJA
SUDAN
UKRAJINA
UGANDA

86 - Tipi di Capelli

```
U C P L A V U Š A W P G K T
L A N L Ć A L Đ V R F I R A
G R H G E U F D E B E O A N
Đ Y P D L T Z U F S W I T A
W Z D R A V E K D M U V A K
C R N A V Y A N V S S H K D
B I J E L I T A A M R U O U
K O V R Č E S T L E E U V G
E L A A I S J I O Đ B P R O
P E J J I G A C V C R B Č F
C H S S Đ G J H I A O E A T
M E K A N E A I T L M H V C
F Đ R P P G N L A J S B A G
E P L E T E N I C E L B F M
```

SREBRO
SUHO
BIJELI
PLAVUŠA
KRATAK
ĆELAV
SIVA
PLETENA
SJAJAN
DUGO

SMEĐ
MEKAN
CRNA
VALOVITA
KOVRČAVA
KOVRČE
ZDRAV
TANAK
DEBEO
PLETENICE

87 - Vestiti

```
D  C  K  H  Š  W  E  E  B  C  K  D  S  S
P  R  E  G  A  Č  A  L  H  I  O  Ž  A  U
E  C  S  V  L  L  C  U  W  P  Š  E  N  K
K  A  P  U  T  B  J  M  S  E  U  M  D  N
I  S  T  M  Z  N  J  I  O  L  L  P  A  J
E  O  G  R  L  I  C  A  N  A  J  E  L  A
U  R  U  K  A  V  I  C  E  A  A  R  E  U
V  J  H  M  R  P  J  P  I  D  Ž  A  M  A
J  E  D  K  I  W  E  V  U  S  Y  Y  F  N
C  J  Š  E  Š  I  R  R  N  B  L  P  M  O
M  A  M  T  C  E  N  Y  I  H  L  A  Č  E
O  K  N  A  R  U  K  V  I  C  A  Z  H  D
D  N  P  O  J  A  S  A  K  W  E  Z  R  M
A  A  J  C  S  B  L  U  Z  A  V  V  I  B
```

HALJINA	PREGAČA
NARUKVICA	RUKAVICE
BLUZA	TRAPERICE
KOŠULJA	DŽEMPER
ŠEŠIR	MODA
KAPUT	HLAČE
POJAS	PIDŽAMA
OGRLICA	SANDALE
JAKNA	CIPELA
SUKNJA	ŠAL

88 - Attività e Tempo Libero

```
V R T L A R S T V O B K S H
M U H Y Đ O V J U B E O U O
P L I V A N J E M G J Š Z B
P O M R L J H W J G Z A K I
R C K Đ P E O I E T B R A J
F Z E M J N D Đ T L O K M I
G O L F E J B B N K L A P J
N V M Đ Š E O U O T E N I S
S U R F A N J E S K N O R L
Đ B M L Č E K T T C S G A I
Đ L J V E B A K H A J O N K
S Đ F Đ N N R W N Đ K M J A
F Đ A I J T D K Z F Đ E E B
J P K O E R I B A R S T V O
```

UMJETNOST
BEJZBOL
KOŠARKA
BOKS
NOGOMET
KAMPIRANJE
PJEŠAČENJE
VRTLARSTVO
GOLF

HOBIJI
RONJENJE
PLIVANJE
ODBOJKA
RIBARSTVO
SLIKA
SURFANJE
TENIS

89 - Tecnologia

```
D  P  U  N  O  S  Y  V  O  V  S  P  C  S
B  A  J  T  O  V  I  U  E  I  I  O  R  N
S  L  T  K  U  R  S  O  R  R  G  R  H  K
T  O  I  O  V  F  U  P  F  U  U  U  R  J
A  H  I  B  T  I  T  H  F  S  R  K  A  P
T  B  I  N  T  E  R  N  E  T  N  A  Č  O
I  T  L  C  T  M  K  T  N  S  O  Z  U  Z
S  R  G  J  D  A  A  A  U  M  S  P  N  A
T  R  M  A  J  M  M  N  C  A  T  O  A  S
I  S  O  F  T  V  E  R  H  Y  L  D  L  L
K  K  Z  J  V  J  R  B  K  J  I  A  O  O
A  W  N  N  M  G  A  Z  L  Z  F  C  N  N
D  I  G  I  T  A  L  N  I  O  A  I  H  W
P  R  E  G  L  E  D  N  I  K  G  M  U  O
```

BLOG	PORUKA
PREGLEDNIK	ZASLON
BAJTOVI	SIGURNOST
RAČUNALO	SOFTVER
KURSOR	STATISTIKA
PODACI	KAMERA
DIGITALNI	VIRTUALAN
DATOTEKA	VIRUS
INTERNET	

90 - Arte

```
D  B  Y  F  S  T  V  O  R  I  T  I  A  K
U  J  P  O  T  L  V  W  S  L  I  K  E  F
S  K  U  L  P  T  U  R  A  O  F  A  E  R
J  I  O  V  I  D  N  I  O  F  B  T  A  A
E  Z  O  M  H  P  S  D  R  W  H  N  L  S
D  V  Z  R  P  O  E  Z  I  J  A  A  I  P
N  O  Z  O  F  L  T  J  O  S  K  D  E  O
O  R  N  A  D  R  E  A  L  I  Z  A  M  L
S  N  G  T  S  O  B  K  I  M  B  H  P  O
T  I  Z  R  A  Z  P  Y  S  B  M  N  H  Ž
A  K  U  Y  S  U  Đ  D  K  O  O  U  V  E
V  M  Z  R  T  M  E  L  R  L  D  T  P  N
A  V  R  F  A  A  P  R  E  D  M  E  T  J
N  L  L  O  V  N  N  E  N  W  A  O  H  E
```

KOMPLEKS	POEZIJA
SASTAV	SKULPTURA
STVORITI	JEDNOSTAVAN
SLIKE	SIMBOL
IZRAZ	PREDMET
NADAHNUT	NADREALIZAM
ISKREN	RASPOLOŽENJE
IZVORNIK	VIDNI
OSOBNI	

91 - Meteo

```
O J V A F I W Z U A S T K M
N L D O B L A K R T U R E Đ
H S U H O B B D A M Š O L W
Y C G J A W B C G O A P O I
C U A G A M Y D A S S S R G
P O L A R N I M N F N K O D
W P K L I M A T W E G I M I
I V O O D A L Y M R J Z O V
D W E D I G E J N A R A N J
K Y F P L L D V A E J N S E
M U N J A A N M P V B Đ U T
P O V J E T A R A C I O N A
T O R N A D O Y G Z T N M R
T E M P E R A T U R A P A Z
```

DUGA
SUHO
ATMOSFERA
POVJETARAC
NEBO
KLIMA
MUNJA
LED
MONSUN
MAGLA

OBLAK
POLARNI
SUŠA
TEMPERATURA
OLUJA
TORNADO
TROPSKI
GRMLJAVINA
URAGAN
VJETAR

92 - Corpo Umano

```
K P H L T U T K O Ž A L V M
T S K Y M K M U K M A I C D
L B G N N O S T O C B C H R
H Y E K O N Z K O L J E N O
Y Y U I G H H A I G S N B L
S H W V A K I G K E T B Z L
J O G N G L E Ž A N J S R P
U R L E I H A B R A D A U R
A Z A K M Y N K V A B W K S
N R V M S R C E A F B L A T
V R A T E Z C U S T A N U H
U H O Ž E L U D A C C B I J
N V K R V D L L H C H K Z B
B Z L V C Y L W I M M Đ W F
```

USTA
GLEŽANJ
MOZAK
VRAT
SRCE
PRST
LICE
NOGA
KOLJENO
LAKAT

RUKA
BRADA
NOS
OKO
UHO
KOŽA
KRV
RAME
ŽELUDAC
GLAVA

93 - Mammiferi

```
P D Z J L K I G L G D D I F
V Y V E O T I D M A Č K A F
B Z Đ L C D U P I N V P S D
F U I E C B S Ž I R A F A Y
A B C N G S M N K L O K A N
L I S I C A A G O R I L A I
V K W J W R J A N S S L O N
Z E B R A S M Y J B I L Z Z
K I T Đ H U U Z M Đ G T J O
O P J C J H N I V K D S I P
C I Đ V N U T Z G O V C E R
U T W K N A P A S J U O F Y
Y C C W B Y T W V O I H C O
P Đ U W V U K L E T L U Đ C
```

KIT	ŽIRAFA
PAS	GORILA
KLOKAN	LAV
KONJ	VUK
JELEN	SNOSITI
ZEC	OVCE
KOJOT	MAJMUN
DUPIN	BIK
SLON	LISICA
MAČKA	ZEBRA

94 - Arrampicata

```
F  Z  R  U  K  A  V  I  C  E  W  P  G  U
T  I  W  Y  V  B  I  P  C  B  N  E  B  S
O  O  Z  M  S  O  S  Š  P  I  L  J  A  T
Z  Z  L  I  L  B  I  D  J  Z  Z  R  T  R
S  V  L  P  Č  U  N  K  E  A  E  L  M  U
N  Y  K  J  W  K  A  A  Š  Z  W  A  O  Č
A  M  U  A  E  A  I  R  A  O  E  J  S  N
G  O  O  Đ  C  D  H  T  Č  V  V  S  F  J
A  U  E  O  Z  I  A  A  E  I  O  U  E  A
T  E  R  E  N  D  G  U  N  G  D  Z  R  K
K  Đ  Y  Z  D  W  C  A  J  V  I  I  A  S
D  Č  I  Z  M  E  V  L  E  Z  Č  T  R  P
S  T  A  B  I  L  N  O  S  T  I  I  N  L
R  Z  N  A  T  I  Ž  E  L  J  A  C  N  R
```

VISINA	RUKAVICE
ATMOSFERA	VODIČI
KACIGA	OZLJEDA
ZNATIŽELJA	KARTA
PJEŠAČENJE	IZAZOVI
STRUČNJAK	STABILNOST
FIZIČKI	ČIZME
OBUKA	SUZITI
SNAGA	TEREN
ŠPILJA	

95 - Animali Domestici

```
P V I Z V C L M I L R P O G
M A I R T D A K A G R W Đ U
L M S K O R N J A Č A Đ L Š
S D T Đ L D L B P N K W T T
F W Z M L R Đ B A F D A M E
H J J R E P O P P L H Ž Z R
Š N O V R A T N I K R W E G
T K O Z A L G H G R Č H C L
E H R A N A B W A A A M I Š
N K F H Z F U V M V K R Z A
E V O D A S S H B A Y A G P
M A Č E L Z C N C R I B A E
B A V E T E R I N A R J D W
P J Đ I V U G M N Z Y G A O
```

VODA	MAČE
KANDŽE	MAČKA
PAS	GUŠTER
KOZA	KRAVA
HRANA	PAPIGA
REP	RIBA
OVRATNIK	KORNJAČA
ZEC	MIŠ
HRČAK	VETERINAR
ŠTENE	ŠAPE

96 - Cucina

```
Đ  E  S  S  Z  Đ  Z  L  H  V  J  B  J  S
F  Y  A  P  Z  A  M  R  Z  I  V  A  Č  H
O  J  C  E  W  C  W  V  S  P  U  Ž  V  A
J  P  I  Đ  Y  F  U  K  R  R  V  M  I  V
H  L  A  D  N  J  A  K  O  E  K  R  U  I
Z  Š  N  J  N  U  L  T  Š  G  K  Z  Č  L
Z  A  R  E  C  E  P  T  T  A  K  R  L  I
D  L  Č  P  D  E  W  L  I  Č  C  K  A  C
J  I  A  I  E  K  U  T  L  A  Č  A  P  E
E  C  J  U  N  Ć  J  H  J  J  E  S  T  I
L  E  N  B  Z  I  N  O  Ž  E  V  I  O  V
A  D  I  R  S  Ž  L  I  C  E  J  H  F  O
M  C  K  U  Y  L  G  U  C  N  K  Đ  H  H
N  T  K  S  H  R  A  N  A  A  H  J  R  K
```

ČAJNIK	PREGAČA
VRČ	ROŠTILJ
HRANA	JESTI
ZDJELA	KUTLAČA
NOŽEVI	RECEPT
ZAMRZIVAČ	ZAČINI
ŽLICE	SPUŽVA
VILICE	ŠALICE
PEĆNICA	UBRUS
HLADNJAK	

97 - Vacanze #2

```
O  S  L  Z  R  A  Č  N  A  L  U  K  A  D
D  I  A  P  B  Y  H  L  Y  A  L  I  H  K
M  O  R  E  L  E  O  Đ  J  P  V  E  T  A
O  D  P  C  Đ  Z  T  A  K  S  I  O  P  M
R  O  U  P  C  Đ  E  P  V  T  Z  D  U  P
E  Z  T  Z  B  G  L  L  L  R  A  R  T  I
S  M  B  O  G  N  V  A  A  A  Y  E  O  R
T  C  K  D  K  A  Đ  Ž  K  N  N  D  V  A
O  Š  A  T  O  R  N  A  J  A  F  I  A  N
R  P  R  I  J  E  V  O  Z  C  U  Š  N  J
A  Y  T  A  P  Y  S  P  A  D  N  T  J  E
N  H  A  O  O  L  I  I  D  O  S  E  E  K
P  U  T  O  V  N  I  C  A  E  J  K  C  F
F  O  T  O  G  R  A  F  I  J  E  S  R  D
```

ZRAČNA LUKA
KAMPIRANJE
ODREDIŠTE
FOTOGRAFIJE
HOTEL
OTOK
KARTA
MORE
PLANINE
PUTOVNICA

RESTORAN
PLAŽA
STRANAC
TAKSI
ŠATOR
PRIJEVOZ
VLAK
ODMOR
PUTOVANJE
VIZA

98 - Attività

```
P  Đ  Đ  F  A  K  T  I  V  N  O  S  T  V
Z  L  O  V  O  A  U  I  S  L  O  I  P  J
Z  M  E  Č  I  T  A  N  J  E  B  N  J  E
J  A  E  S  G  Đ  O  Z  T  R  R  T  E  Š
U  G  D  S  R  Y  S  G  V  D  T  E  Š  T
J  I  Y  O  E  V  M  M  R  Z  T  R  A  I
J  J  M  M  V  C  K  H  I  A  G  E  Č  N
V  A  T  E  I  O  E  O  B  G  F  S  E  A
R  I  Đ  E  F  L  L  T  A  O  W  I  N  M
I  T  A  R  R  J  D  J  R  N  W  Z  J  P
Š  I  V  A  N  J  E  F  S  E  F  F  E  A
U  M  J  E  T  N  O  S  T  T  W  N  L  J
K  E  R  A  M  I  K  A  V  K  V  T  I  W
M  O  I  J  K  Z  B  L  O  E  J  O  J  U
```

VJEŠTINA
UMJETNOST
OBRT
AKTIVNOST
LOV
KERAMIKA
ŠIVANJE
PLES
PJEŠAČENJE

FOTOGRAFIJA
IGRE
INTERESI
ČITANJE
MAGIJA
RIBARSTVO
ZADOVOLJSTVO
ZAGONETKE

99 - Forniture Artistiche

```
V  M  E  R  B  O  J  E  T  G  L  I  N  A
S  P  S  J  R  P  Y  C  T  M  J  H  O  R
T  T  F  S  I  U  H  P  I  D  E  J  E  O
A  I  O  U  S  W  G  B  U  I  P  H  N  S
L  N  L  L  A  Z  Đ  L  R  A  I  B  I  I
A  T  Č  J  Č  K  R  Đ  J  C  L  J  F  C
K  A  O  E  P  A  P  I  R  E  O  D  F  S
W  M  Y  A  T  H  V  T  M  O  N  U  F  S
S  O  L  O  V  K  E  V  A  Đ  D  T  R  T
H  F  I  P  S  P  E  A  K  R  I  L  Y  W
K  R  E  A  T  I  V  N  O  S  T  L  K  S
T  J  E  O  S  T  O  L  I  C  A  W  L  F
T  N  Đ  V  Đ  M  D  M  T  G  D  R  H  N
I  N  L  E  O  K  A  M  E  R  A  N  G  Z
```

VODA	BRISAČ
AKRIL	IDEJE
GLINA	TINTA
UGLJEN	OLOVKE
PAPIR	ULJE
STALAK	STOLICA
LJEPILO	ČETKE
BOJE	STOL
KREATIVNOST	KAMERA

100 - Misurazioni

```
K N V G J T L O Đ K R T V H
I G R A M O Z I Y N K E O R
L I J J I N B N T W B Ž L A
O W M E T A R Đ C R C I U V
G K I A M T T P D F A N M B
R I N E S T U P A N J A E T
A L U F Z A Š I R I N A N T
M O T H I Đ O Z N O B A J T
O M A A V L C Z A Č I F Z D
C E N T I M E T A R F V D U
L T R A S C D U Ž I N A K B
F A D L I L P N C D P U R I
R R P H N D E C I M A L A N
G U V G A L C A G J M K N A
```

VISINA
BAJT
CENTIMETAR
KILOGRAM
KILOMETAR
DECIMALA
STUPANJ
GRAM
ŠIRINA
LITRA

DUŽINA
MASA
METAR
MINUTA
UNCA
TEŽINA
INČ
DUBINA
TONA
VOLUMEN

1 - Scacchi

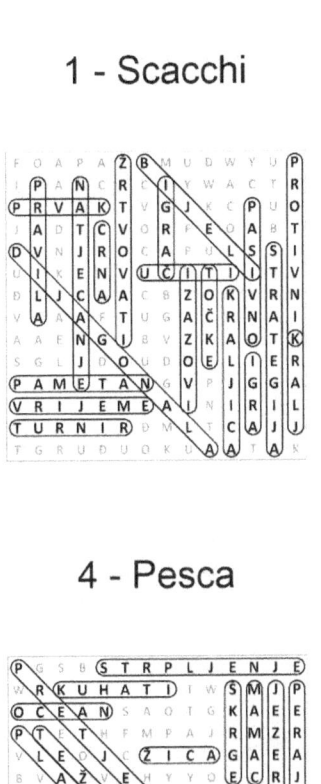

2 - Aggettivi #2

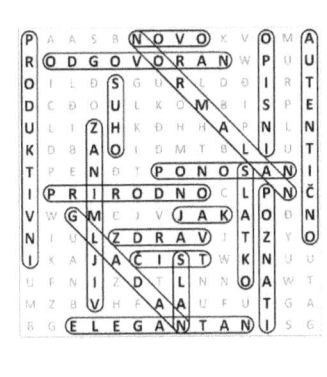

3 - Mobili

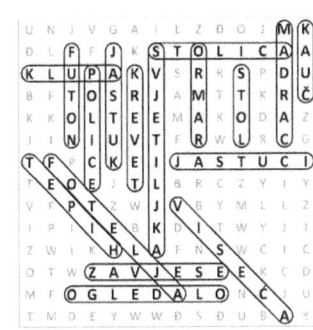

4 - Pesca

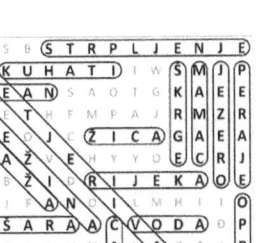
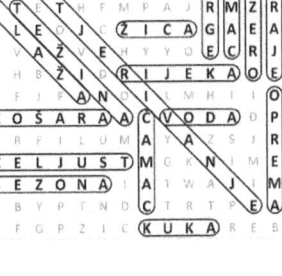

5 - Aggettivi #1

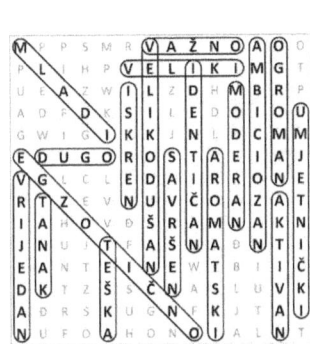
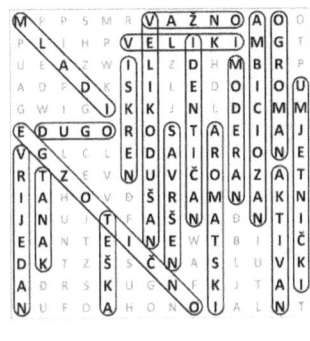

6 - Geologia

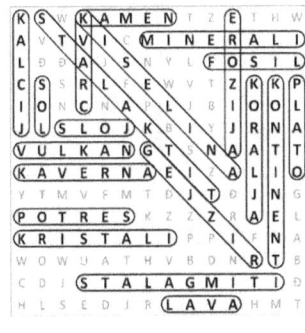

7 - Campeggio

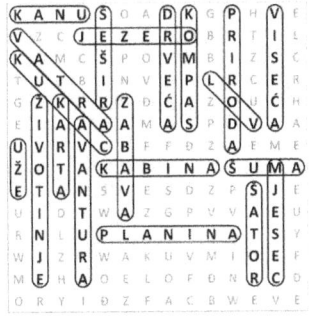

8 - Arti Visive

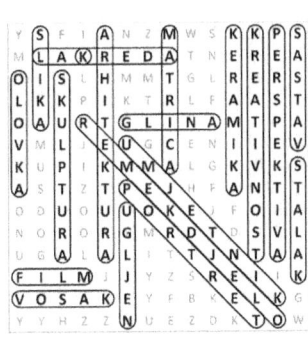

9 - Esplorazione

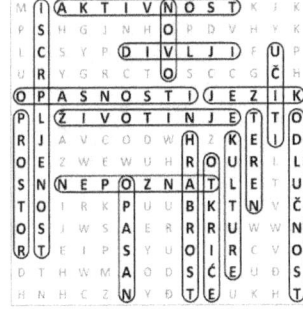

10 - Tempo

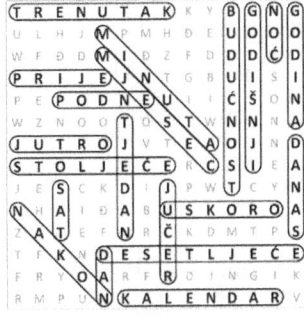

11 - Astronomia

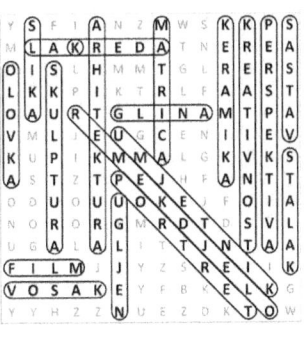
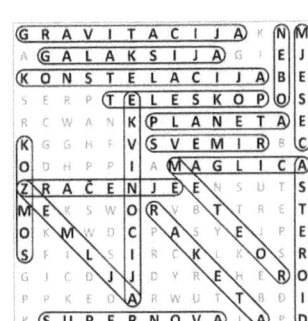
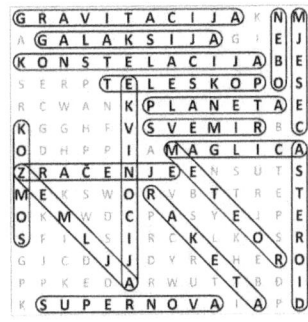

12 - Circo

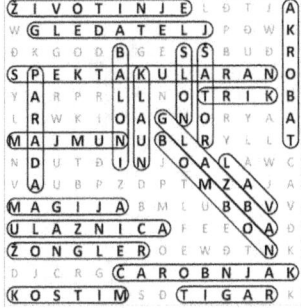

13 - Mitologia

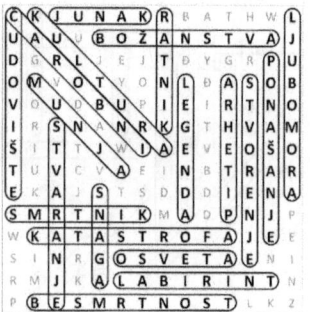

14 - Piante

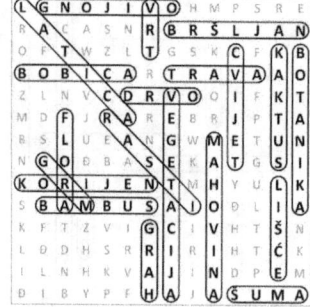

15 - Spezie

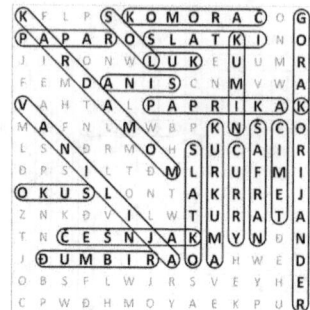

16 - Numeri

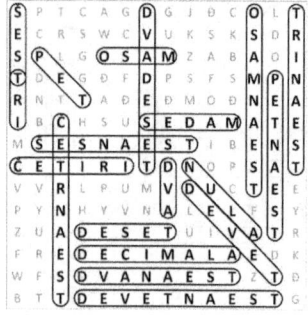

17 - Cioccolato

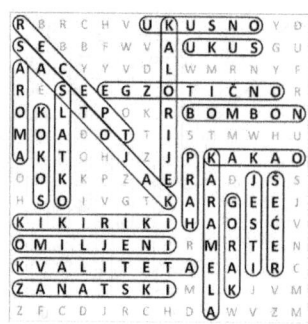

18 - Guida

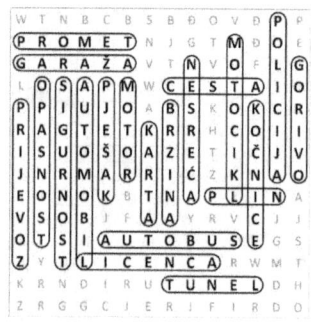

19 - Sport

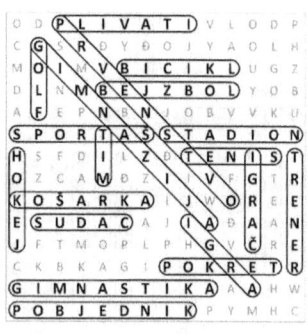

20 - Giocattoli

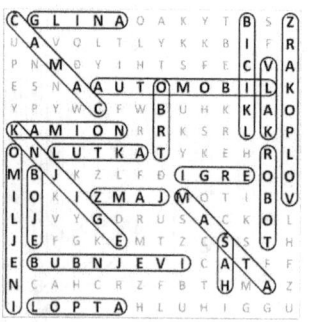

21 - Uccelli

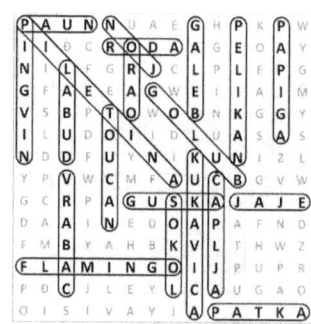

22 - Giorni e Mesi

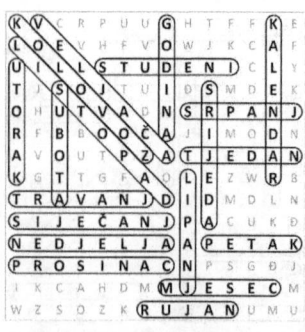

23 - Casa

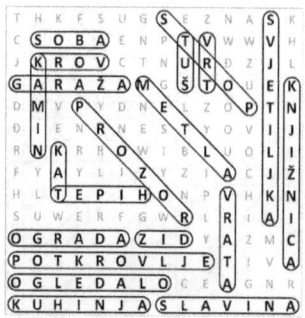

24 - Ristorante #1

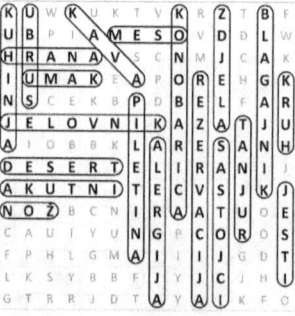

25 - Fantascienza

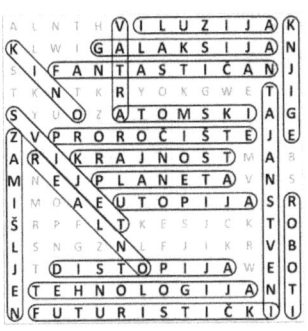

26 - Città

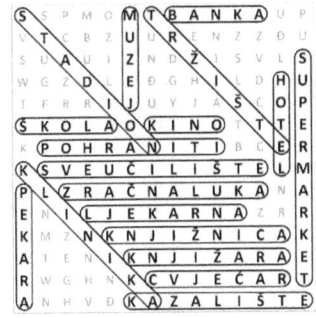

27 - Virtù #1

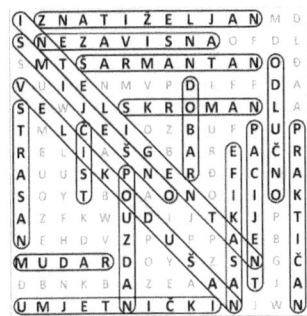

28 - Compleanno

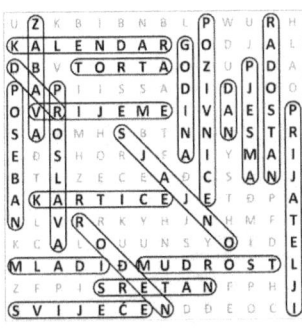

29 - Fattoria #1

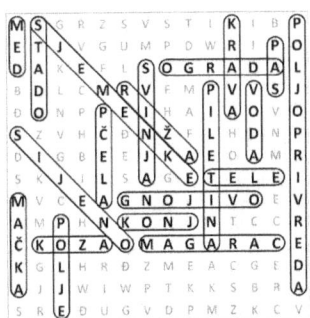

30 - Paesaggi

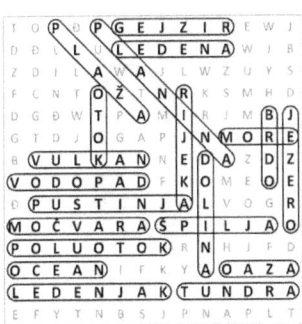

31 - Ristorante #2

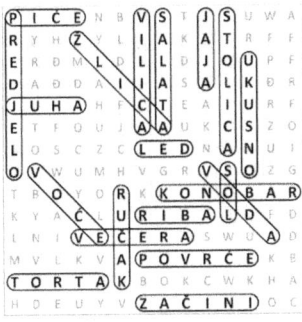

32 - Giardino

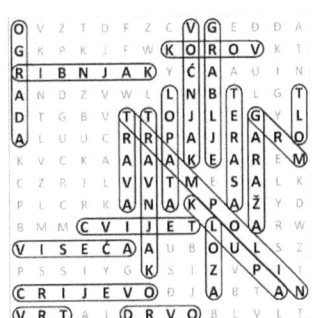

33 - Frutta

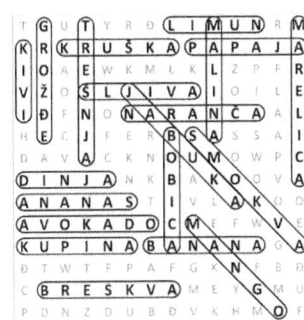

34 - Fattoria #2

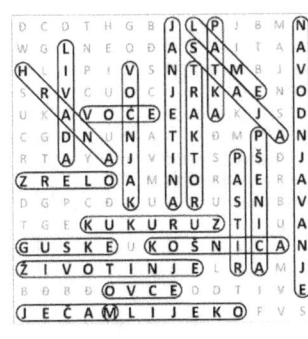

35 - Dinosauri

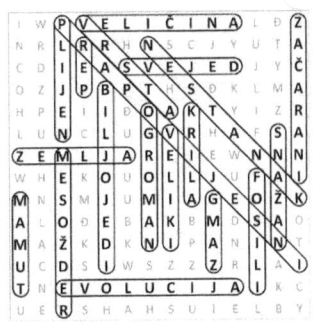

36 - Verdure

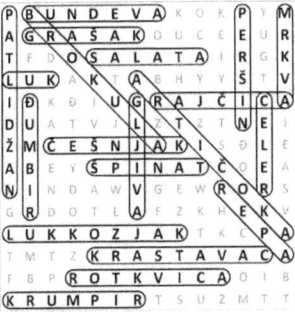

37 - Scuola #2

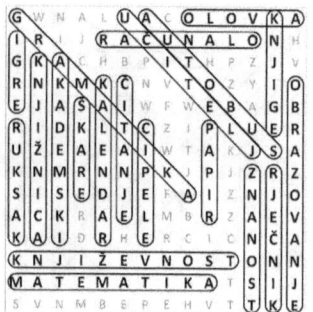

38 - Barbecue

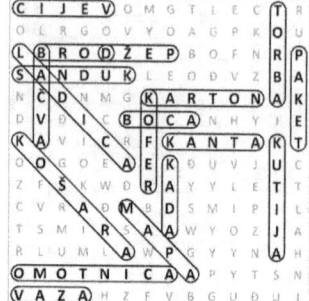

39 - Riempire

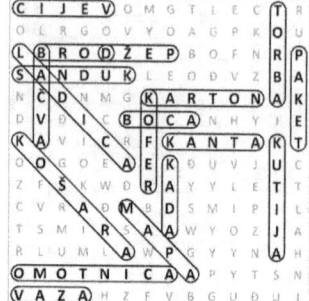

40 - Insetti

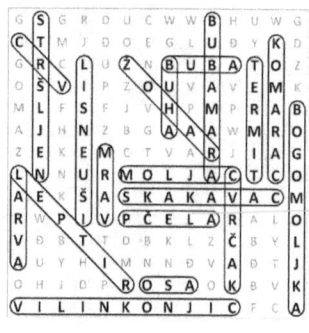

41 - Erboristeria

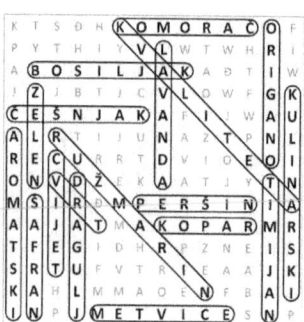

42 - Danza

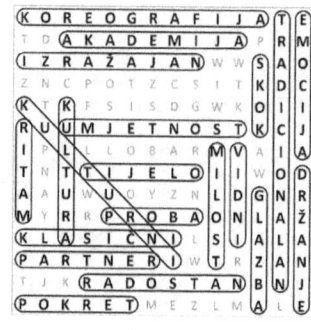

43 - Commedia

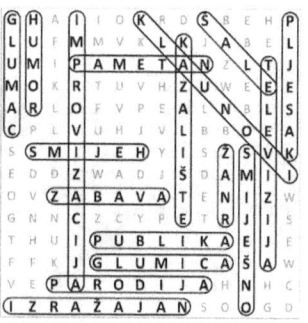

44 - Scuola #1

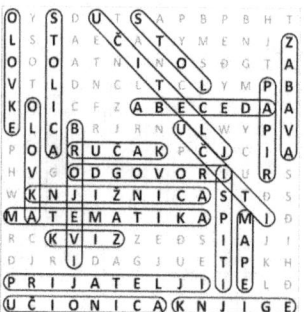

45 - Fiori

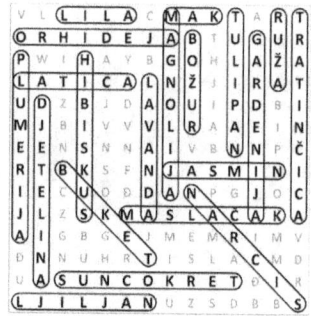

46 - Ecologia

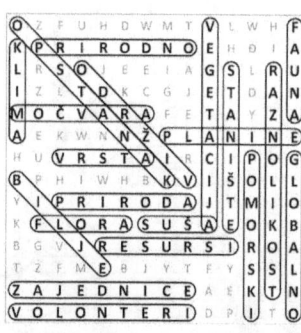

47 - Discipline Scientifiche

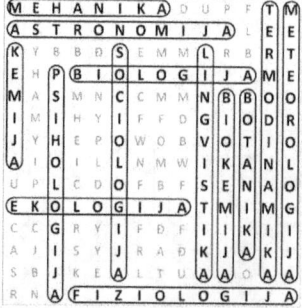

48 - Scienza

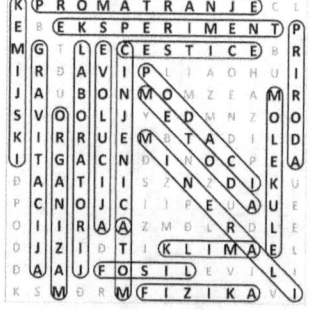

49 - Acqua

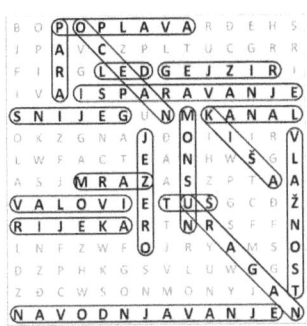

50 - Gatti

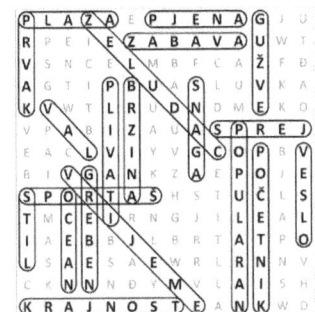

51 - Surf

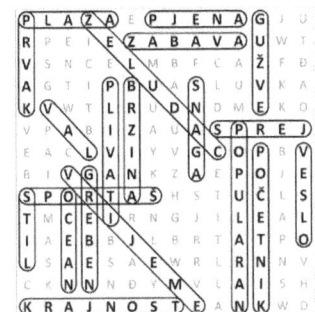

52 - Imbarcazioni

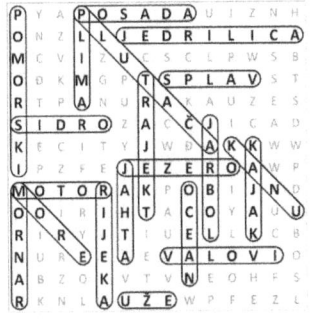

53 - Api

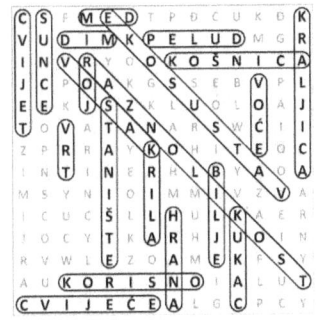

54 - Conservazione

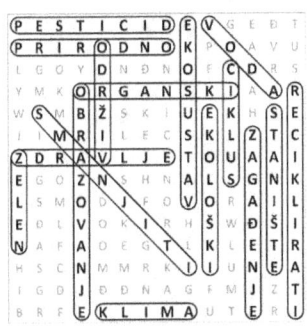

55 - Strumenti Musicali

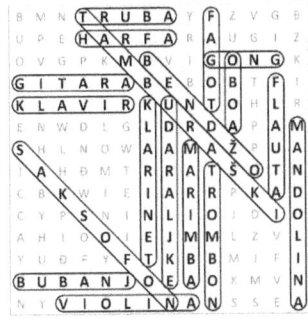

56 - Professioni #2

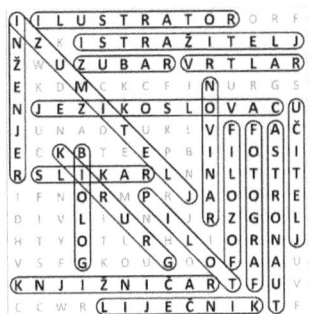

57 - Letteratura

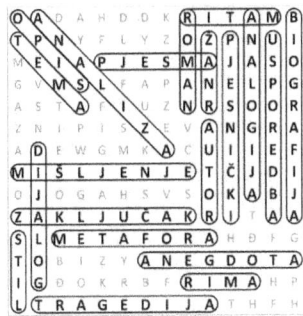

58 - Cibo #2

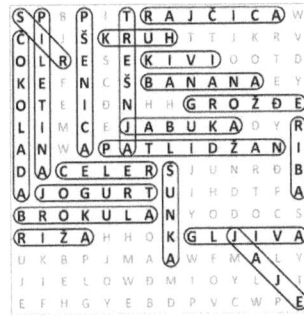

59 - Nutrizione

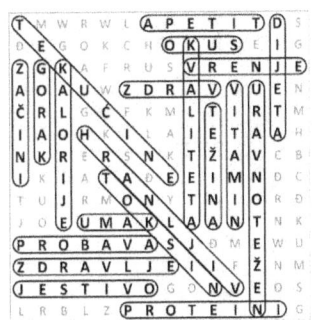

60 - Matematica

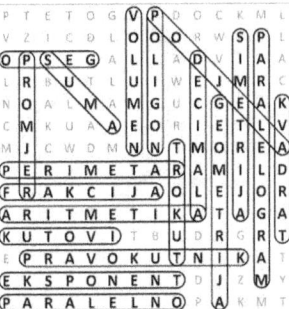

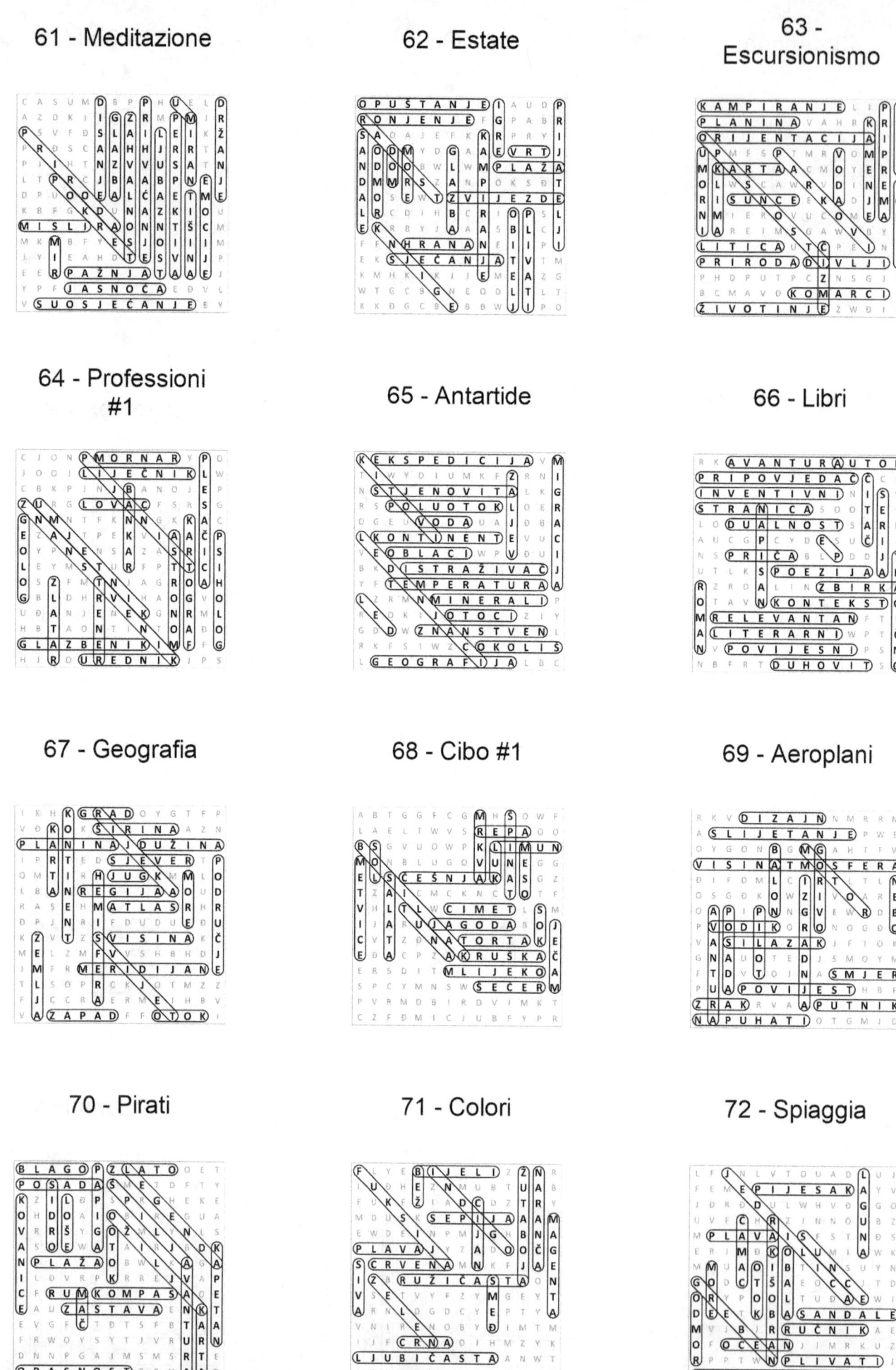

61 - Meditazione

62 - Estate

63 - Escursionismo

64 - Professioni #1

65 - Antartide

66 - Libri

67 - Geografia

68 - Cibo #1

69 - Aeroplani

70 - Pirati

71 - Colori

72 - Spiaggia

73 - Avventura

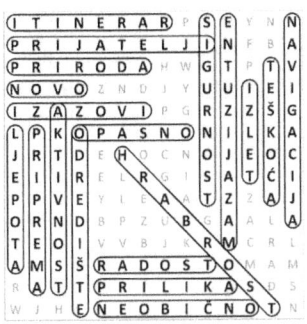

74 - Forme

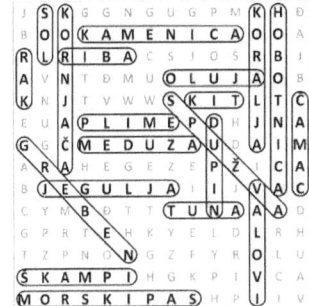

75 - Oceano

76 - Famiglia

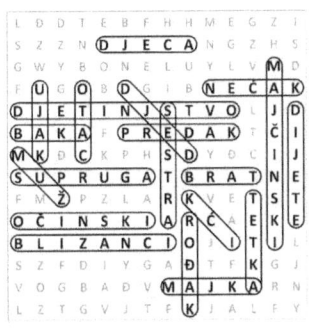

77 - Veicoli

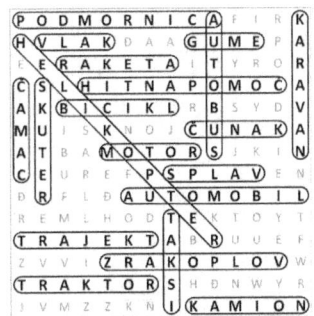

78 - Emozioni

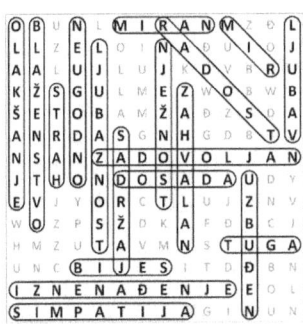

79 - Natura

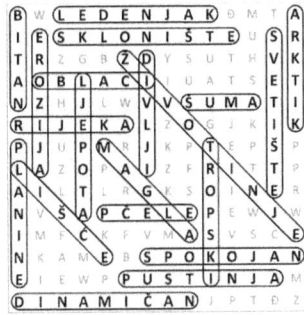

80 - Balletto

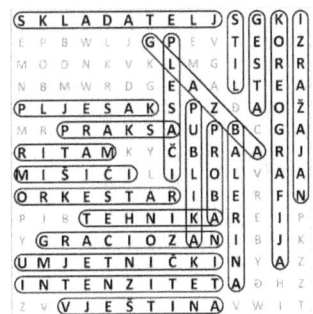

81 - Castelli

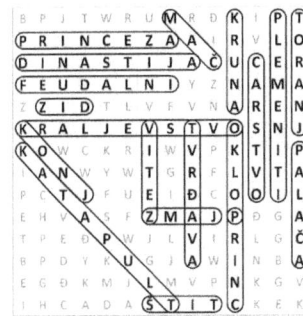

82 - Campionato

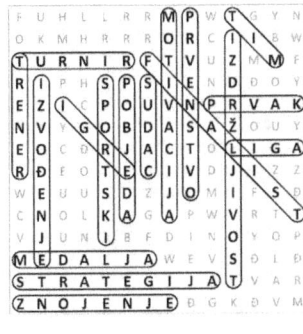

83 - Foresta Pluviale

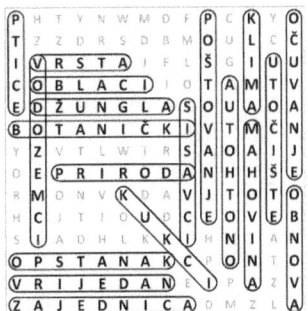

84 - Edifici

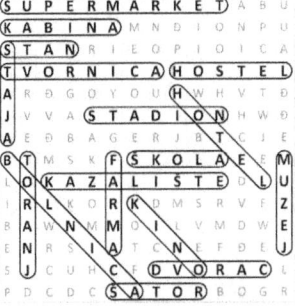

85 - Paesi #2

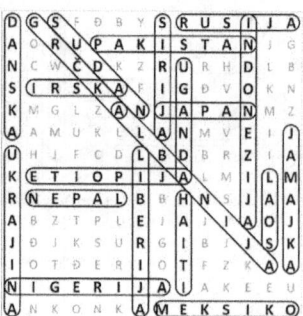

86 - Tipi di Capelli

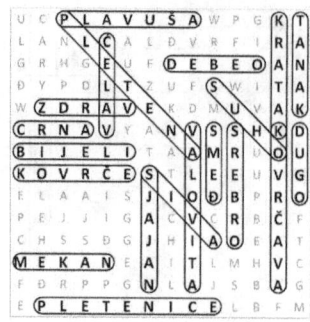

87 - Vestiti

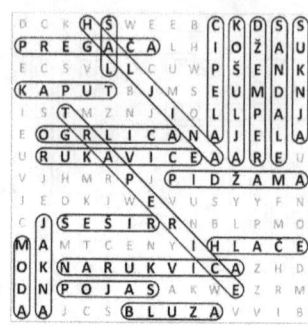

88 - Attività e Tempo Libero

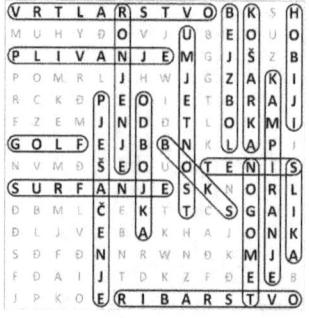

89 - Tecnologia

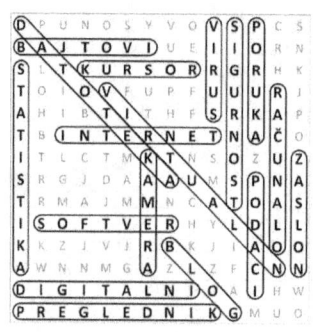

90 - Arte

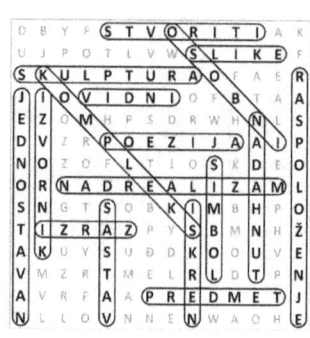

91 - Meteo

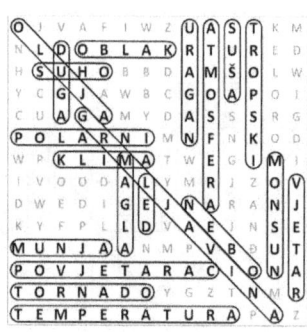

92 - Corpo Umano

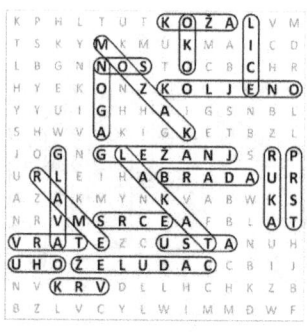

93 - Mammiferi

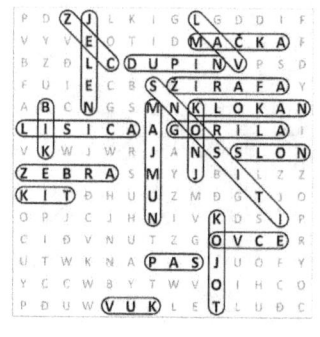

94 - Arrampicata

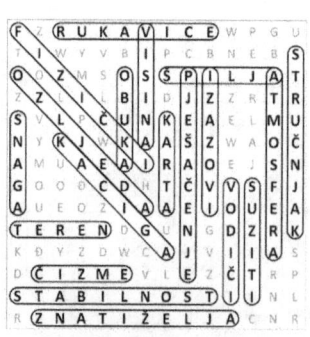

95 - Animali Domestici

96 - Cucina

97 - Vacanze #2

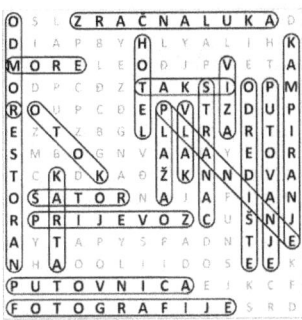

98 - Attività

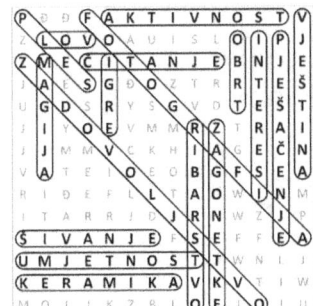

99 - Forniture Artistiche

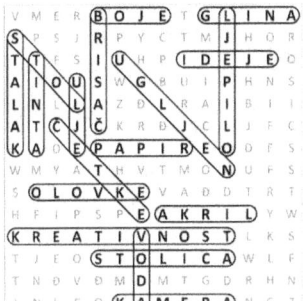

100 - Misurazioni

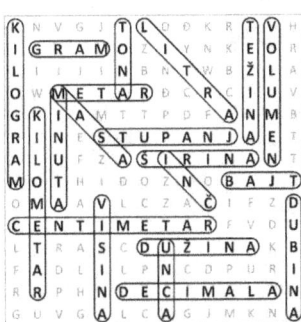

Dizionario

Acqua
Voda

Alluvione	Poplava
Canale	Kanal
Doccia	Tuš
Evaporazione	Isparavanje
Fiume	Rijeka
Gelo	Mraz
Geyser	Gejzir
Ghiaccio	Led
Irrigazione	Navodnjavanje
Lago	Jezero
Monsone	Monsun
Neve	Snijeg
Oceano	Ocean
Onde	Valovi
Pioggia	Kiša
Umidità	Vlažnost
Uragano	Uragan
Vapore	Para

Aeroplani
Zrakoplovi

Altezza	Visina
Aria	Zrak
Atmosfera	Atmosfera
Atterraggio	Slijetanje
Avventura	Avantura
Carburante	Gorivo
Cielo	Nebo
Costruzione	Izgradnja
Design	Dizajn
Direzione	Smjer
Discesa	Silazak
Equipaggio	Posada
Gonfiare	Napuhati
Idrogeno	Vodik
Motore	Motor
Palloncino	Balon
Passeggero	Putnik
Pilota	Pilot
Storia	Povijest
Turbolenza	Turbulencija

Aggettivi #1
Pridjevi № 1

Ambizioso	Ambiciozan
Aromatico	Aromatski
Artistico	Umjetnički
Assoluto	Apsolutan
Attivo	Aktivan
Enorme	Ogroman
Esotico	Egzotično
Generoso	Velikodušan
Giovane	Mladi
Grande	Veliki
Identico	Identičan
Importante	Važno
Lento	Usporiti
Lungo	Dugo
Moderno	Moderan
Onesto	Iskren
Perfetto	Savršen
Pesante	Teška
Prezioso	Vrijedan
Sottile	Tanak

Aggettivi #2
Pridjevi № 2

Affamato	Gladan
Asciutto	Suho
Autentico	Autentično
Creativo	Kreativni
Descrittivo	Opisni
Dolce	Slatko
Drammatico	Dramatičan
Elegante	Elegantan
Famoso	Poznati
Forte	Jak
Interessante	Zanimljiv
Naturale	Prirodno
Normale	Normalan
Nuovo	Novo
Orgoglioso	Ponosan
Produttivo	Produktivni
Puro	Čist
Responsabile	Odgovoran
Salato	Slan
Sano	Zdrav

Animali Domestici
Kućni Ljubimci

Acqua	Voda
Artigli	Kandže
Cane	Pas
Capra	Koza
Cibo	Hrana
Coda	Rep
Collare	Ovratnik
Coniglio	Zec
Criceto	Hrčak
Cucciolo	Štene
Gattino	Mače
Gatto	Mačka
Lucertola	Gušter
Mucca	Krava
Pappagallo	Papiga
Pesce	Riba
Tartaruga	Kornjača
Topo	Miš
Veterinario	Veterinar
Zampe	Šape

Antartide
Antarktika

Acqua	Voda
Ambiente	Okoliš
Baia	Zaljev
Balene	Kitovi
Conservazione	Konzervacija
Continente	Kontinent
Geografia	Geografija
Ghiacciai	Ledenjaci
Ghiaccio	Led
Isole	Otoci
Migrazione	Migracija
Minerali	Minerali
Nuvole	Oblaci
Penisola	Poluotok
Ricercatore	Istraživač
Roccioso	Stjenovita
Scientifico	Znanstven
Spedizione	Ekspedicija
Temperatura	Temperatura
Topografia	Topografija

Api
Pčele

Ali	Krila
Alveare	Košnica
Benefico	Korisno
Cera	Vosak
Cibo	Hrana
Diversità	Raznolikost
Ecosistema	Ekosustav
Fiori	Cvijeće
Fiorire	Cvijet
Frutta	Voće
Fumo	Dim
Giardino	Vrt
Habitat	Stanište
Insetto	Kukac
Miele	Med
Piante	Bilje
Polline	Pelud
Regina	Kraljica
Sciame	Roj
Sole	Sunce

Arrampicata
Penjanje po Stijenama

Altitudine	Visina
Atmosfera	Atmosfera
Casco	Kaciga
Curiosità	Znatiželja
Escursioni	Pješačenje
Esperto	Stručnjak
Fisico	Fizički
Formazione	Obuka
Forza	Snaga
Grotta	Špilja
Guanti	Rukavice
Guide	Vodiči
Lesione	Ozljeda
Mappa	Karta
Sfide	Izazovi
Stabilità	Stabilnost
Stivali	Čizme
Stretto	Suziti
Terreno	Teren

Arte
Umjetnost

Ceramica	Keramički
Complesso	Kompleks
Composizione	Sastav
Creare	Stvoriti
Dipinti	Slike
Espressione	Izraz
Ispirato	Nadahnut
Onesto	Iskren
Originale	Izvornik
Personale	Osobni
Poesia	Poezija
Scultura	Skulptura
Semplice	Jednostavan
Simbolo	Simbol
Soggetto	Predmet
Surrealismo	Nadrealizam
Umore	Raspoloženje
Visivo	Vidni

Arti Visive
Vizualne Umjetnosti

Architettura	Arhitektura
Argilla	Glina
Artista	Umjetnik
Capolavoro	Remek-Djelo
Carbone	Ugljen
Cavalletto	Stalak
Cera	Vosak
Ceramica	Keramika
Composizione	Sastav
Creatività	Kreativnost
Film	Film
Gesso	Kreda
Matita	Olovka
Pittura	Slika
Prospettiva	Perspektiva
Ritratto	Portret
Scultura	Skulptura
Stampino	Matrica
Vernice	Lak

Astronomia
Astronomija

Asteroide	Asteroid
Astronauta	Astronaut
Astronomo	Astronom
Cielo	Nebo
Cosmo	Kozmos
Costellazione	Konstelacija
Equinozio	Ekvinocija
Galassia	Galaksija
Gravità	Gravitacija
Luna	Mjesec
Meteora	Meteor
Nebulosa	Maglica
Osservatorio	Zvjezdarnica
Pianeta	Planeta
Radiazione	Zračenje
Razzo	Raketa
Supernova	Supernova
Telescopio	Teleskop
Terra	Zemlja
Universo	Svemir

Attività
Aktivnosti

Abilità	Vještina
Arte	Umjetnost
Artigianato	Obrt
Attività	Aktivnost
Caccia	Lov
Campeggio	Kampiranje
Ceramica	Keramika
Cucire	Šivanje
Danza	Ples
Escursioni	Pješačenje
Fotografia	Fotografija
Giardinaggio	Vrtlarstvo
Giochi	Igre
Interessi	Interesi
Lettura	Čitanje
Magia	Magija
Pesca	Ribarstvo
Piacere	Zadovoljstvo
Puzzle	Zagonetke
Rilassamento	Opuštanje

Attività e Tempo Libero
Zabava i Slobodno Vrijeme

Arte	Umjetnost
Baseball	Bejzbol
Basket	Košarka
Boxe	Boks
Calcio	Nogomet
Campeggio	Kampiranje
Escursioni	Pješačenje
Giardinaggio	Vrtlarstvo
Golf	Golf
Hobby	Hobiji
Immersione	Ronjenje
Nuoto	Plivanje
Pallavolo	Odbojka
Pesca	Ribarstvo
Pittura	Slika
Rilassante	Opuštanje
Surf	Surfanje
Tennis	Tenis
Viaggio	Putovati

Avventura
Avantura

Amici	Prijatelji
Attività	Aktivnost
Bellezza	Ljepota
Caso	Prilika
Coraggio	Hrabrost
Destinazione	Odredište
Difficoltà	Teškoća
Entusiasmo	Entuzijazam
Escursione	Izlet
Gioia	Radost
Insolito	Neobično
Itinerario	Itinerar
Natura	Priroda
Navigazione	Navigacija
Nuovo	Novo
Pericoloso	Opasno
Preparazione	Priprema
Sfide	Izazovi
Sicurezza	Sigurnost
Viaggi	Putovanja

Balletto
Balet

Abilità	Vještina
Applauso	Pljesak
Artistico	Umjetnički
Ballerina	Balerina
Ballerini	Plesači
Compositore	Skladatelj
Coreografia	Koreografija
Espressivo	Izražajan
Gesto	Gesta
Grazioso	Graciozan
Intensità	Intenzitet
Muscoli	Mišići
Musica	Glazba
Orchestra	Orkestar
Pratica	Praksa
Prova	Proba
Pubblico	Publika
Ritmo	Ritam
Stile	Stil
Tecnica	Tehnika

Barbecue
Roštilji

Caldo	Vruće
Cena	Večera
Cibo	Hrana
Cipolle	Luk
Coltelli	Noževi
Estate	Ljeto
Fame	Glad
Famiglia	Obitelj
Frutta	Voće
Giochi	Igre
Griglia	Roštilj
Insalate	Salate
Invito	Poziv
Musica	Glazba
Pepe	Papar
Pollo	Piletina
Pomodori	Rajčice
Pranzo	Ručak
Sale	Sol
Salsa	Umak

Campeggio
Kampiranje

Alberi	Drveća
Amaca	Viseća
Animali	Životinje
Avventura	Avantura
Bussola	Kompas
Cabina	Kabina
Caccia	Lov
Canoa	Kanu
Cappello	Šešir
Corda	Uže
Divertimento	Zabava
Foresta	Šuma
Fuoco	Vatra
Insetto	Kukac
Lago	Jezero
Luna	Mjesec
Mappa	Karta
Montagna	Planina
Natura	Priroda
Tenda	Šator

Campionato
Prvenstvo

Allenatore	Trener
Campionato	Prvenstvo
Campione	Prvak
Finalista	Finalist
Giochi	Igre
Giudice	Sudac
Lega	Liga
Medaglia	Medalja
Motivazione	Motivacija
Prestazione	Izvođenje
Resistenza	Izdržljivost
Sportivo	Sportski
Squadra	Tim
Strategia	Strategija
Sudore	Znojenje
Torneo	Turnir
Vittoria	Pobjeda

Casa
Kuća

Attico	Potkrovlje
Biblioteca	Knjižnica
Camera	Soba
Camino	Kamin
Cucina	Kuhinja
Doccia	Tuš
Finestra	Prozor
Garage	Garaža
Giardino	Vrt
Lampada	Svjetiljka
Parete	Zid
Pavimento	Kat
Porta	Vrata
Recinto	Ograda
Rubinetto	Slavina
Scopa	Metla
Soffitto	Strop
Specchio	Ogledalo
Tappeto	Tepih
Tetto	Krov

Castelli
Dvorci

Armatura	Oklop
Catapulta	Katapult
Cavaliere	Vitez
Cavallo	Konj
Corona	Kruna
Dinastia	Dinastija
Drago	Zmaj
Feudale	Feudalni
Fortezza	Tvrđava
Impero	Carstvo
Nobile	Plemeniti
Palazzo	Palača
Parete	Zid
Principe	Princ
Principessa	Princeza
Regno	Kraljevstvo
Scudo	Štit
Spada	Mač
Torre	Toranj
Unicorno	Jednorog

Cibo #1
Hrana # 1

Aglio	Češnjak
Basilico	Bosiljak
Cannella	Cimet
Carne	Meso
Carota	Mrkva
Cipolla	Luk
Fragola	Jagoda
Insalata	Salata
Latte	Mlijeko
Limone	Limun
Menta	Metvice
Orzo	Ječam
Pera	Kruška
Rapa	Repa
Sale	Sol
Spinaci	Špinat
Succo	Sok
Tonno	Tuna
Torta	Torta
Zucchero	Šećer

Cibo #2
Hrana # 2

Banana	Banana
Broccolo	Brokula
Ciliegia	Trešnja
Cioccolato	Čokolada
Formaggio	Sir
Fungo	Gljiva
Grano	Pšenica
Kiwi	Kivi
Mela	Jabuka
Melanzana	Patlidžan
Pane	Kruh
Pesce	Riba
Pollo	Piletina
Pomodoro	Rajčica
Prosciutto	Šunka
Riso	Riža
Sedano	Celer
Uovo	Jaje
Uva	Grožđe
Yogurt	Jogurt

Cioccolato
Čokolada

Amaro	Gorak
Arachidi	Kikiriki
Aroma	Aroma
Artigianale	Zanatski
Cacao	Kakao
Calorie	Kalorije
Caramella	Bombon
Caramello	Karamela
Delizioso	Ukusno
Dolce	Slatko
Esotico	Egzotično
Gusto	Ukus
Ingrediente	Sastojak
Mangiare	Jesti
Noce di Cocco	Kokos
Polvere	Prah
Preferito	Omiljeni
Qualità	Kvaliteta
Ricetta	Recept
Zucchero	Šećer

Circo
Cirkus

Acrobata	Akrobat
Animali	Životinje
Biglietto	Ulaznica
Caramella	Bombon
Clown	Klaun
Costume	Kostim
Elefante	Slon
Giocoliere	Žongler
Leone	Lav
Magia	Magija
Mago	Čarobnjak
Musica	Glazba
Palloncini	Baloni
Parata	Parada
Scimmia	Majmun
Spettacolare	Spektakularan
Spettatore	Gledatelj
Tenda	Šator
Tigre	Tigar
Trucco	Trik

Città
Grad

Aeroporto	Zračna Luka
Banca	Banka
Biblioteca	Knjižnica
Cinema	Kino
Clinica	Klinika
Farmacia	Ljekarna
Fiorista	Cvjećar
Galleria	Galerija
Hotel	Hotel
Libreria	Knjižara
Mercato	Tržište
Museo	Muzej
Negozio	Pohraniti
Panetteria	Pekara
Scuola	Škola
Stadio	Stadion
Supermercato	Supermarket
Teatro	Kazalište
Università	Sveučilište
Zoo	Zoološki Vrt

Colori
Boje

Arancia	Naranča
Beige	Bež
Bianco	Bijeli
Blu	Plava
Ciano	Cijan
Fucsia	Fuksija
Giallo	Žuta Boja
Grigio	Siva
Indaco	Indigo
Magenta	Magenta
Marrone	Smeđ
Nero	Crna
Rosa	Ružičasta
Rosso	Crvena
Seppia	Sepija
Verde	Zelen
Viola	Ljubičasta

Commedia
Komedija

Applauso	Pljesak
Attore	Glumac
Attrice	Glumica
Clown	Klaunovi
Divertente	Smiješno
Divertimento	Zabava
Espressivo	Izražajan
Genere	Žanr
Improvvisazione	Improvizacija
Intelligente	Pametan
Parodia	Parodija
Pubblico	Publika
Risata	Smijeh
Scherzi	Šale
Teatro	Kazalište
Televisione	Televizija
Umorismo	Humor

Compleanno
Rođendan

Amici	Prijatelji
Anno	Godina
Calendario	Kalendar
Candele	Svijeće
Canzone	Pjesma
Carte	Kartice
Celebrazione	Proslava
Divertimento	Zabava
Felice	Sretan
Gioioso	Radostan
Giorno	Dan
Giovane	Mladi
Grande	Sjajno
Inviti	Pozivnice
Nato	Rođen
Regalo	Dar
Saggezza	Mudrost
Speciale	Poseban
Tempo	Vrijeme
Torta	Torta

Conservazione
Konzervacija

Acqua	Voda
Ambientale	Ekološki
Ciclo	Ciklus
Clima	Klima
Ecosistema	Ekosustav
Educazione	Obrazovanje
Habitat	Stanište
Inquinamento	Zagađenje
Naturale	Prirodno
Organico	Organski
Pesticida	Pesticid
Riciclare	Reciklirati
Ridurre	Smanjiti
Salute	Zdravlje
Sostenibile	Održiv
Verde	Zelen
Volontario	Volonter

Corpo Umano
Ljudsko Tijelo

Bocca	Usta
Caviglia	Gležanj
Cervello	Mozak
Collo	Vrat
Cuore	Srce
Dito	Prst
Faccia	Lice
Gamba	Noga
Ginocchio	Koljeno
Gomito	Lakat
Mano	Ruka
Mento	Brada
Naso	Nos
Occhio	Oko
Orecchio	Uho
Pelle	Koža
Sangue	Krv
Spalla	Rame
Stomaco	Želudac
Testa	Glava

Cucina
Kuhinja

Bollitore	Čajnik
Brocca	Vrč
Cibo	Hrana
Ciotola	Zdjela
Coltelli	Noževi
Congelatore	Zamrzivač
Cucchiai	Žlice
Forchette	Vilice
Forno	Pećnica
Frigorifero	Hladnjak
Grembiule	Pregača
Griglia	Roštilj
Mangiare	Jesti
Mestolo	Kutlača
Ricetta	Recept
Spezie	Začini
Spugna	Spužva
Tazze	Šalice
Tovagliolo	Ubrus

Danza
Ples

Accademia	Akademija
Arte	Umjetnost
Classico	Klasični
Compagno	Partner
Coreografia	Koreografija
Corpo	Tijelo
Cultura	Kultura
Culturale	Kulturni
Emozione	Emocija
Espressivo	Izražajan
Gioioso	Radostan
Grazia	Milost
Movimento	Pokret
Musica	Glazba
Postura	Držanje
Prova	Proba
Ritmo	Ritam
Salto	Skok
Tradizionale	Tradicionalan
Visivo	Vidni

Dinosauri
Dinosauri

Ali	Krila
Carnivoro	Mesožder
Coda	Rep
Enorme	Ogroman
Erbivoro	Biljojedi
Evoluzione	Evolucija
Fossili	Fosili
Grande	Veliki
Mammut	Mamut
Onnivoro	Svejed
Potente	Snažan
Preda	Plijen
Preistorico	Prapovijesni
Rettile	Gmaz
Scomparsa	Nestanak
Specie	Vrsta
Taglia	Veličina
Terra	Zemlja
Vizioso	Začarani

Discipline Scientifiche
Znanstvene Discipline

Anatomia	Anatomija
Archeologia	Arheologija
Astronomia	Astronomija
Biochimica	Biokemija
Biologia	Biologija
Botanica	Botanika
Chimica	Kemija
Ecologia	Ekologija
Fisiologia	Fiziologija
Geologia	Geologija
Immunologia	Imunologija
Linguistica	Lingvistika
Meccanica	Mehanika
Meteorologia	Meteorologija
Mineralogia	Mineralogija
Neurologia	Neurologija
Psicologia	Psihologija
Sociologia	Sociologija
Termodinamica	Termodinamika
Zoologia	Zoologija

Ecologia
Ekologija

Clima	Klima
Comunità	Zajednice
Diversità	Raznolikost
Fauna	Fauna
Flora	Flora
Globale	Globalno
Habitat	Stanište
Marino	Pomorski
Montagne	Planine
Natura	Priroda
Naturale	Prirodno
Palude	Močvara
Piante	Bilje
Risorse	Resursi
Siccità	Suša
Sopravvivenza	Opstanak
Sostenibile	Održiv
Specie	Vrsta
Vegetazione	Vegetacija
Volontari	Volonteri

Edifici
Građevine

Appartamento	Stan
Cabina	Kabina
Castello	Dvorac
Cinema	Kino
Fabbrica	Tvornica
Fattoria	Farma
Fienile	Staja
Hotel	Hotel
Laboratorio	Laboratorij
Museo	Muzej
Ospedale	Bolnica
Osservatorio	Zvjezdarnica
Ostello	Hostel
Scuola	Škola
Stadio	Stadion
Supermercato	Supermarket
Teatro	Kazalište
Tenda	Šator
Torre	Toranj
Università	Sveučilište

Emozioni
Emocije

Amore	Ljubav
Beatitudine	Blaženstvo
Calma	Miran
Contenuto	Sadržaj
Eccitato	Uzbuđen
Gentilezza	Ljubaznost
Gioia	Radost
Grato	Zahvalan
Imbarazzato	Neugodno
Noia	Dosada
Pace	Mir
Paura	Strah
Rabbia	Bijes
Rilievo	Olakšanje
Simpatia	Simpatija
Soddisfatto	Zadovoljan
Sorpresa	Iznenađenje
Tenerezza	Nježnost
Tristezza	Tuga

Erboristeria
Herbalizam

Aglio	Češnjak
Aneto	Kopar
Aromatico	Aromatski
Basilico	Bosiljak
Culinario	Kulinarski
Dragoncello	Dragulj
Finocchio	Komorač
Fiore	Cvijet
Giardino	Vrt
Ingrediente	Sastojak
Lavanda	Lavanda
Maggiorana	Mažuran
Menta	Metvice
Origano	Origano
Prezzemolo	Peršin
Qualità	Kvaliteta
Rosmarino	Ružmarin
Timo	Timijan
Verde	Zelen
Zafferano	Šafran

Escursionismo
Planinarenje

Acqua	Voda
Animali	Životinje
Campeggio	Kampiranje
Clima	Klima
Guide	Vodiči
Mappa	Karta
Montagna	Planina
Natura	Priroda
Orientamento	Orijentacija
Parchi	Parkovi
Pericoli	Opasnosti
Pesante	Teška
Pietre	Kamenje
Preparazione	Priprema
Scogliera	Litica
Selvaggio	Divlji
Sole	Sunce
Stanco	Umorni
Stivali	Čizme
Zanzare	Komarci

Esplorazione
Istraživanje

Animali	Životinje
Attività	Aktivnost
Coraggio	Hrabrost
Culture	Kulture
Determinazione	Odlučnost
Eccitazione	Uzbuđenje
Esaurimento	Iscrpljenost
Lingua	Jezik
Nuovo	Novo
Per Imparare	Učiti
Pericoli	Opasnosti
Pericoloso	Opasan
Sconosciuto	Nepoznat
Scoperta	Otkriće
Selvaggio	Divlji
Spazio	Prostor
Terreno	Teren
Viaggio	Putovati

Estate
Ljeto

Amici	Prijatelji
Campeggio	Kampiranje
Casa	Dom
Cibo	Hrana
Famiglia	Obitelj
Giardino	Vrt
Giochi	Igre
Gioia	Radost
Immersione	Ronjenje
Libri	Knjige
Mare	More
Musica	Glazba
Nuotare	Plivati
Ricordi	Sjećanja
Rilassamento	Opuštanje
Sandali	Sandale
Spiaggia	Plaža
Stelle	Zvijezde
Vacanza	Odmor
Viaggio	Putovati

Famiglia
Obitelj

Antenato	Predak
Bambini	Djeca
Bambino	Dijete
Cugino	Rođak
Figlia	Kći
Fratello	Brat
Gemelli	Blizanci
Infanzia	Djetinjstvo
Madre	Majka
Marito	Muž
Materno	Majčinski
Moglie	Supruga
Nipote	Nećak
Nonna	Baka
Nonno	Djed
Padre	Otac
Paterno	Očinski
Sorella	Sestra
Zia	Tetka
Zio	Ujak

Fantascienza
Znanstvena Fantastika

Atomico	Atomski
Cinema	Kino
Distopia	Distopija
Esplosione	Eksplozija
Estremo	Krajnost
Fantastico	Fantastičan
Fuoco	Vatra
Futuristico	Futuristički
Galassia	Galaksija
Illusione	Iluzija
Immaginario	Zamišljen
Libri	Knjige
Misterioso	Tajanstveni
Mondo	Svijet
Oracolo	Proročište
Pianeta	Planeta
Realistico	Realno
Robot	Roboti
Tecnologia	Tehnologija
Utopia	Utopija

Fattoria #1
Farma Broj 1

Acqua	Voda
Agricoltura	Poljoprivreda
Ape	Pčela
Asino	Magarac
Campo	Polje
Cane	Pas
Capra	Koza
Cavallo	Konj
Fertilizzante	Gnojivo
Fieno	Sijeno
Gatto	Mačka
Gregge	Stado
Maiale	Svinja
Miele	Med
Mucca	Krava
Pollo	Piletina
Recinto	Ograda
Riso	Riža
Semi	Sjemenke
Vitello	Tele

Fattoria #2
Farma № 2

Agnello	Janjetina
Alveare	Košnica
Anatra	Patka
Animali	Životinje
Cibo	Hrana
Fienile	Staja
Frutta	Voće
Frutteto	Voćnjak
Grano	Pšenica
Irrigazione	Navodnjavanje
Lama	Lame
Latte	Mlijeko
Mais	Kukuruz
Maturo	Zrelo
Oche	Guske
Orzo	Ječam
Pastore	Pastir
Pecora	Ovce
Prato	Livada
Trattore	Traktor

Fiori
Cvijeće

Dente di Leone	Maslačak
Gardenia	Gardenija
Gelsomino	Jasmin
Giglio	Ljiljan
Girasole	Suncokret
Ibisco	Hibiskus
Lavanda	Lavanda
Lilla	Lila
Magnolia	Magnolija
Margherita	Tratinčica
Mazzo	Buket
Narciso	Narcis
Orchidea	Orhideja
Papavero	Mak
Peonia	Božur
Petalo	Latica
Plumeria	Plumerija
Rosa	Ruža
Trifoglio	Djetelina
Tulipano	Tulipan

Foresta Pluviale
Prašuma

Anfibi	Vodozemci
Botanico	Botanički
Clima	Klima
Comunità	Zajednica
Diversità	Raznolikost
Giungla	Džungla
Indigeno	Autohtono
Insetti	Kukci
Mammiferi	Sisavci
Muschio	Mahovina
Natura	Priroda
Nuvole	Oblaci
Preservazione	Očuvanje
Prezioso	Vrijedan
Restauro	Obnova
Rifugio	Utočište
Rispetto	Poštovanje
Sopravvivenza	Opstanak
Specie	Vrsta
Uccelli	Ptice

Forme
Obrasci

Angolo	Kut
Arco	Luk
Bordi	Rubovi
Cerchio	Krug
Cilindro	Cilindar
Cono	Konus
Cubo	Kocka
Curva	Krivulja
Ellisse	Elipsa
Iperbole	Hiperbola
Lato	Strana
Linea	Crta
Ovale	Ovalan
Piramide	Piramida
Poligono	Poligon
Prisma	Prizma
Quadrato	Kvadrat
Rettangolo	Pravokutnik
Sfera	Sfera
Triangolo	Trokut

Forniture Artistiche
Umjetnički Pribor

Italiano	Hrvatski
Acqua	Voda
Acrilico	Akril
Argilla	Glina
Carbone	Ugljen
Carta	Papir
Cavalletto	Stalak
Colla	Ljepilo
Colori	Boje
Creatività	Kreativnost
Gomma	Brisač
Idee	Ideje
Inchiostro	Tinta
Matite	Olovke
Olio	Ulje
Sedia	Stolica
Spazzole	Četke
Tavolo	Stol
Telecamera	Kamera

Frutta
Voće

Albicocca	Marelica
Ananas	Ananas
Arancia	Naranča
Avocado	Avokado
Bacca	Bobica
Banana	Banana
Ciliegia	Trešnja
Fico	Smokva
Kiwi	Kivi
Lampone	Malina
Limone	Limun
Mango	Mango
Mela	Jabuka
Melone	Dinja
Mora	Kupina
Papaia	Papaja
Pera	Kruška
Pesca	Breskva
Prugna	Šljiva
Uva	Grožđe

Gatti
Mačke

Artiglio	Kandža
Cacciatore	Lovac
Coda	Rep
Curioso	Znatiželjan
Divertente	Smiješno
Dormire	Spavati
Filo	Pređa
Giocoso	Razigran
Indipendente	Nezavisna
Pazzo	Lud
Pelliccia	Krzno
Personalità	Osobnost
Poco	Malen
Selvaggio	Divlji
Timido	Stidljiv
Topo	Miš
Veloce	Brzo
Zampa	Šapa

Geografia
Geografija

Altitudine	Visina
Atlante	Atlas
Città	Grad
Continente	Kontinent
Emisfero	Hemisfera
Fiume	Rijeka
Isola	Otok
Latitudine	Širina
Longitudine	Dužina
Mappa	Karta
Mare	More
Meridiano	Meridijan
Mondo	Svijet
Montagna	Planina
Nord	Sjever
Ovest	Zapad
Paese	Zemlja
Regione	Regija
Sud	Jug
Territorio	Područje

Geologia
Geologija

Italiano	Hrvatski
Acido	Kiselina
Altopiano	Plato
Calcio	Kalcij
Caverna	Kaverna
Continente	Kontinent
Corallo	Koralja
Cristalli	Kristali
Erosione	Erozija
Fossile	Fosil
Geyser	Gejzir
Lava	Lava
Minerali	Minerali
Pietra	Kamen
Quarzo	Kvarc
Sale	Sol
Stalagmiti	Stalagmiti
Stalattite	Stalaktit
Strato	Sloj
Terremoto	Potres
Vulcano	Vulkan

Giardino
Vrt

Albero	Drvo
Amaca	Viseća
Cespuglio	Grm
Erba	Trava
Erbacce	Korov
Fiore	Cvijet
Frutteto	Voćnjak
Garage	Garaža
Giardino	Vrt
Pala	Lopata
Panca	Klupa
Prato	Travnjak
Rastrello	Grablje
Recinto	Ograda
Stagno	Ribnjak
Suolo	Tlo
Terrazza	Terasa
Trampolino	Trampolin
Tubo	Crijevo
Vite	Loza

Giocattoli
Igračke

Aereo	Zrakoplov
Aquilone	Zmaj
Argilla	Glina
Artigianato	Obrt
Auto	Automobil
Bambola	Lutka
Barca	Čamac
Batteria	Bubnjevi
Bicicletta	Bicikl
Camion	Kamion
Giochi	Igre
Immaginazione	Mašta
Libri	Knjige
Palla	Lopta
Preferito	Omiljeni
Robot	Robot
Scacchi	Šah
Treno	Vlak
Vernici	Boje

Giorni e Mesi
Dani i Mjeseci

Agosto	Kolovoz
Anno	Godina
Aprile	Travanj
Calendario	Kalendar
Dicembre	Prosinac
Domenica	Nedjelja
Febbraio	Veljača
Gennaio	Siječanj
Giugno	Lipanj
Luglio	Srpanj
Lunedì	Ponedjeljak
Martedì	Utorak
Mercoledì	Srijeda
Mese	Mjesec
Novembre	Studeni
Ottobre	Listopad
Sabato	Subota
Settembre	Rujan
Settimana	Tjedan
Venerdì	Petak

Guida
Vožnja

Auto	Automobil
Autobus	Autobus
Carburante	Gorivo
Freni	Kočnice
Garage	Garaža
Gas	Plin
Incidente	Nesreća
Licenza	Licenca
Mappa	Karta
Moto	Motocikl
Motore	Motor
Pedonale	Pješak
Pericolo	Opasnost
Polizia	Policija
Sicurezza	Sigurnost
Strada	Cesta
Traffico	Promet
Trasporto	Prijevoz
Tunnel	Tunel
Velocità	Brzina

Imbarcazioni
Brodovi

Albero	Jarbol
Ancora	Sidro
Barca a Vela	Jedrilica
Boa	Plutača
Canoa	Kanu
Corda	Uže
Equipaggio	Posada
Fiume	Rijeka
Kayak	Kajak
Lago	Jezero
Mare	More
Marea	Plima
Marinaio	Mornar
Motore	Motor
Nautico	Pomorski
Oceano	Ocean
Onde	Valovi
Traghetto	Trajekt
Yacht	Jahta
Zattera	Splav

Insetti
Insekti

Afide	Lisne Uši
Ape	Pčela
Calabrone	Stršljen
Cavalletta	Skakavac
Cicala	Cvrčak
Coccinella	Bubamara
Coleottero	Buba
Falena	Moljac
Farfalla	Leptir
Formica	Mrav
Larva	Larva
Libellula	Vilin Konjic
Mantide	Bogomoljka
Pulce	Buha
Scarafaggio	Žohar
Termite	Termit
Verme	Crv
Vespa	Osa
Zanzara	Komarac

Letteratura
Književnost

Analisi	Analiza
Analogia	Analogija
Aneddoto	Anegdota
Autore	Autor
Biografia	Biografija
Conclusione	Zaključak
Confronto	Usporedba
Descrizione	Opis
Dialogo	Dijalog
Genere	Žanr
Metafora	Metafora
Opinione	Mišljenje
Poesia	Pjesma
Poetico	Pjesnički
Rima	Rima
Ritmo	Ritam
Romanzo	Roman
Stile	Stil
Tema	Tema
Tragedia	Tragedija

Libri
Knjige

Autore	Autor
Avventura	Avantura
Collezione	Zbirka
Contesto	Kontekst
Dualità	Dualnost
Epico	Ep
Inventivo	Inventivni
Letterario	Literarni
Lettore	Čitač
Narratore	Pripovjedač
Pagina	Stranica
Poesia	Poezija
Rilevante	Relevantan
Romanzo	Roman
Scritto	Napisan
Serie	Serija
Storia	Priča
Storico	Povijesni
Tragico	Tragično
Umoristico	Duhovit

Mammiferi
Sisavci

Balena	Kit
Cane	Pas
Canguro	Klokan
Cavallo	Konj
Cervo	Jelen
Coniglio	Zec
Coyote	Kojot
Delfino	Dupin
Elefante	Slon
Gatto	Mačka
Giraffa	Žirafa
Gorilla	Gorila
Leone	Lav
Lupo	Vuk
Orso	Snositi
Pecora	Ovce
Scimmia	Majmun
Toro	Bik
Volpe	Lisica
Zebra	Zebra

Matematica
Matematika

Angoli	Kutovi
Aritmetica	Aritmetika
Circonferenza	Opseg
Decimale	Decimala
Diametro	Promjer
Divisione	Podjela
Equazione	Jednadžba
Esponente	Eksponent
Frazione	Frakcija
Geometria	Geometrija
Parallelo	Paralelno
Parallelogramma	Paralelogram
Perimetro	Perimetar
Poligono	Poligon
Quadrato	Kvadrat
Rettangolo	Pravokutnik
Simmetria	Simetrija
Somma	Suma
Triangolo	Trokut
Volume	Volumen

Meditazione
Meditacija

Accettazione	Prihvaćanje
Attenzione	Pažnja
Calma	Miran
Chiarezza	Jasnoća
Compassione	Suosjećanje
Emozioni	Emocije
Gentilezza	Ljubaznost
Gratitudine	Zahvalnost
Mentale	Mentalno
Mente	Um
Movimento	Pokret
Musica	Glazba
Natura	Priroda
Osservazione	Promatranje
Pace	Mir
Pensieri	Misli
Postura	Držanje
Prospettiva	Perspektiva
Respirazione	Disanje
Silenzio	Tišina

Meteo
Vrijeme

Arcobaleno	Duga
Asciutto	Suho
Atmosfera	Atmosfera
Brezza	Povjetarac
Cielo	Nebo
Clima	Klima
Fulmine	Munja
Ghiaccio	Led
Monsone	Monsun
Nebbia	Magla
Nube	Oblak
Polare	Polarni
Siccità	Suša
Temperatura	Temperatura
Tempesta	Oluja
Tornado	Tornado
Tropicale	Tropski
Tuono	Grmljavina
Uragano	Uragan
Vento	Vjetar

Misurazioni
Mjerenja

Altezza	Visina
Byte	Bajt
Centimetro	Centimetar
Chilogrammo	Kilogram
Chilometro	Kilometar
Decimale	Decimala
Grado	Stupanj
Grammo	Gram
Larghezza	Širina
Litro	Litra
Lunghezza	Dužina
Massa	Masa
Metro	Metar
Minuto	Minuta
Oncia	Unca
Peso	Težina
Pollice	Inč
Profondità	Dubina
Tonnellata	Tona
Volume	Volumen

Mitologia
Mitologija

Archetipo	Arhetip
Comportamento	Ponašanje
Creatura	Stvorenje
Creazione	Stvaranje
Cultura	Kultura
Disastro	Katastrofa
Divinità	Božanstva
Eroe	Junak
Forza	Snaga
Fulmine	Munja
Gelosia	Ljubomora
Guerriero	Ratnik
Immortalità	Besmrtnost
Labirinto	Labirint
Leggenda	Legenda
Magico	Čarobni
Mortale	Smrtnik
Mostro	Čudovište
Tuono	Grmljavina
Vendetta	Osveta

Mobili
Namještaj

Amaca	Viseća
Armoire	Ormar
Cuscini	Jastuci
Cuscino	Jastuk
Divano	Kauč
Futon	Futon
Lampada	Svjetiljka
Letto	Krevet
Materasso	Madrac
Panca	Klupa
Poltrona	Fotelja
Scaffali	Police
Scrivania	Stol
Sedia	Stolica
Specchio	Ogledalo
Tappeto	Tepih
Tende	Zavjese

Natura
Priroda

Animali	Životinje
Api	Pčele
Artico	Arktik
Bellezza	Ljepota
Deserto	Pustinja
Dinamico	Dinamičan
Erosione	Erozija
Fiume	Rijeka
Fogliame	Lišće
Foresta	Šuma
Ghiacciaio	Ledenjak
Montagne	Planine
Nebbia	Magla
Nuvole	Oblaci
Rifugio	Sklonište
Santuario	Svetište
Selvaggio	Divlji
Sereno	Spokojan
Tropicale	Tropski
Vitale	Bitan

Numeri
Brojevi

Cinque	Pet
Decimale	Decimala
Diciannove	Devetnaest
Diciassette	Sedamnaest
Diciotto	Osamnaest
Dieci	Deset
Dodici	Dvanaest
Due	Dva
Nove	Devet
Otto	Osam
Quattordici	Četrnaest
Quattro	Četiri
Quindici	Petnaest
Sedici	Šesnaest
Sei	Šest
Sette	Sedam
Tre	Tri
Tredici	Trinaest
Venti	Dvadeset
Zero	Nula

Nutrizione
Prehrana

Amaro	Gorak
Appetito	Apetit
Bilanciato	Uravnotežen
Calorie	Kalorije
Commestibile	Jestivo
Dieta	Dijeta
Digestione	Probava
Fermentazione	Vrenje
Gusto	Okus
Liquidi	Tekućine
Nutriente	Hranljiv
Peso	Težina
Proteine	Proteini
Qualità	Kvaliteta
Salsa	Umak
Salute	Zdravlje
Sano	Zdrav
Spezie	Začini
Tossina	Toksin
Vitamina	Vitamin

Oceano
Ocean

Anguilla	Jegulja
Balena	Kit
Barca	Čamac
Corallo	Koralja
Delfino	Dupin
Gamberetto	Škampi
Granchio	Rak
Maree	Plime
Medusa	Meduza
Onde	Valovi
Ostrica	Kamenica
Pesce	Riba
Polpo	Hobotnica
Sale	Sol
Scogliera	Greben
Spugna	Spužva
Squalo	Morski Pas
Tartaruga	Kornjača
Tempesta	Oluja
Tonno	Tuna

Paesaggi
Krajolici

Cascata	Vodopad
Collina	Brdo
Deserto	Pustinja
Fiume	Rijeka
Geyser	Gejzir
Ghiacciaio	Ledenjak
Grotta	Špilja
Iceberg	Ledena
Isola	Otok
Lago	Jezero
Mare	More
Montagna	Planina
Oasi	Oaza
Oceano	Ocean
Palude	Močvara
Penisola	Poluotok
Spiaggia	Plaža
Tundra	Tundra
Valle	Dolina
Vulcano	Vulkan

Paesi #2
Zemlje № 2

Albania	Albanija
Danimarca	Danska
Etiopia	Etiopija
Giamaica	Jamajka
Giappone	Japan
Grecia	Grčka
Haiti	Haiti
Indonesia	Indonezija
Irlanda	Irska
Laos	Laos
Liberia	Liberija
Messico	Meksiko
Nepal	Nepal
Nigeria	Nigerija
Pakistan	Pakistan
Russia	Rusija
Siria	Sirija
Sudan	Sudan
Ucraina	Ukrajina
Uganda	Uganda

Pesca
Ribarstvo

Acqua	Voda
Attrezzatura	Oprema
Barca	Čamac
Branchie	Škrge
Cesto	Košara
Cucinare	Kuhati
Esagerazione	Pretjerivanje
Esca	Mamac
Filo	Žica
Fiume	Rijeka
Gancio	Kuka
Lago	Jezero
Mascella	Čeljust
Oceano	Ocean
Pazienza	Strpljenje
Peso	Težina
Pinne	Peraje
Spiaggia	Plaža
Stagione	Sezona

Piante
Biljke

Albero	Drvo
Bacca	Bobica
Bambù	Bambus
Botanica	Botanika
Cactus	Kaktus
Cespuglio	Grm
Crescere	Rasti
Edera	Bršljan
Erba	Trava
Fagiolo	Grah
Fertilizzante	Gnojivo
Fiore	Cvijet
Flora	Flora
Fogliame	Lišće
Foresta	Šuma
Giardino	Vrt
Muschio	Mahovina
Petalo	Latica
Radice	Korijen
Vegetazione	Vegetacija

Pirati
Gusari

Ancora	Sidro
Avventura	Avantura
Bandiera	Zastava
Bussola	Kompas
Capitano	Kapetan
Cattivo	Loše
Cicatrice	Ožiljak
Equipaggio	Posada
Grotta	Špilja
Isola	Otok
Leggenda	Legenda
Mappa	Karta
Monete	Kovanice
Oro	Zlato
Pappagallo	Papiga
Pericolo	Opasnost
Rum	Rum
Spada	Mač
Spiaggia	Plaža
Tesoro	Blago

Professioni #1
Zanimanja № 1

Allenatore	Trener
Ambasciatore	Ambasador
Artista	Umjetnik
Astronomo	Astronom
Avvocato	Odvjetnik
Ballerino	Plesačica
Banchiere	Bankar
Cacciatore	Lovac
Cartografo	Kartograf
Editore	Urednik
Farmacista	Ljekarnik
Geologo	Geolog
Gioielliere	Zlatar
Marinaio	Mornar
Medico	Liječnik
Musicista	Glazbenik
Pianista	Pijanist
Psicologo	Psiholog
Scienziato	Znanstvenik
Veterinario	Veterinar

Professioni #2
Zanimanja № 2

Astronauta	Astronaut
Bibliotecario	Knjižničar
Biologo	Biolog
Chirurgo	Kirurg
Dentista	Zubar
Filosofo	Filozof
Fotografo	Fotograf
Giardiniere	Vrtlar
Giornalista	Novinar
Illustratore	Ilustrator
Ingegnere	Inženjer
Insegnante	Učitelj
Inventore	Izumitelj
Investigatore	Istražitelj
Linguista	Jezikoslovac
Medico	Liječnik
Pilota	Pilot
Pittore	Slikar
Ricercatore	Istraživač
Zoologo	Zoolog

Riempire
Za Popunjavanje

Barile	Bačva
Borsa	Torba
Bottiglia	Boca
Busta	Omotnica
Cartella	Mapa
Cartone	Karton
Cassa	Sanduk
Cassetto	Ladica
Cesto	Košara
Nave	Brod
Pacchetto	Paket
Scatola	Kutija
Secchio	Kanta
Tasca	Džep
Tubo	Cijev
Valigia	Kofer
Vasca	Kada
Vaso	Vaza

Ristorante #1
Restoran Broj 1

Allergia	Alergija
Caffè	Kava
Cameriera	Konobarica
Carne	Meso
Cassiere	Blagajnik
Cibo	Hrana
Ciotola	Zdjela
Coltello	Nož
Cucina	Kuhinja
Dessert	Desert
Ingredienti	Sastojci
Mangiare	Jesti
Menù	Jelovnik
Pane	Kruh
Piatto	Tanjur
Piccante	Akutni
Pollo	Piletina
Prenotazione	Rezervacija
Salsa	Umak
Tovagliolo	Ubrus

Ristorante #2
Restoran Broj 2

Acqua	Voda
Aperitivo	Predjelo
Bevanda	Piće
Cameriere	Konobar
Cena	Večera
Cucchiaio	Žlica
Delizioso	Ukusno
Forchetta	Vilica
Frutta	Voće
Ghiaccio	Led
Insalata	Salata
Minestra	Juha
Pesce	Riba
Pranzo	Ručak
Sale	Sol
Sedia	Stolica
Spezie	Začini
Torta	Torta
Uova	Jaja
Verdure	Povrće

Scacchi
Šah

Avversario	Protivnik
Bianco	Bijeli
Campione	Prvak
Concorso	Natjecanje
Diagonale	Dijagonala
Giocatore	Igrač
Gioco	Igra
Intelligente	Pametan
Nero	Crna
Passivo	Pasivno
Per Imparare	Učiti
Punti	Točke
Re	Kralj
Regina	Kraljica
Regole	Pravila
Sacrificio	Žrtvovati
Sfide	Izazovi
Strategia	Strategija
Tempo	Vrijeme
Torneo	Turnir

Scienza
Znanost

Atomo	Atom
Chimico	Kemijski
Clima	Klima
Dati	Podaci
Esperimento	Eksperiment
Evoluzione	Evolucija
Fatto	Činjenica
Fisica	Fizika
Fossile	Fosil
Gravità	Gravitacija
Ipotesi	Hipoteza
Laboratorio	Laboratorij
Metodo	Metoda
Minerali	Minerali
Molecole	Molekule
Natura	Priroda
Organismo	Organizam
Osservazione	Promatranje
Particelle	Čestice
Scienziato	Znanstvenik

Scuola #1
Škola Broj 1

Alfabeto	Abeceda
Amici	Prijatelji
Aula	Učionica
Biblioteca	Knjižnica
Carta	Papir
Cartelle	Mape
Divertimento	Zabava
Esami	Ispiti
Insegnante	Učitelj
Libri	Knjige
Matematica	Matematika
Matita	Olovka
Numeri	Brojevi
Penne	Olovke
Per Imparare	Učiti
Pranzo	Ručak
Quiz	Kviz
Risposte	Odgovori
Scrivania	Stol
Sedia	Stolica

Scuola #2
Škola Broj 2

Accademico	Akademski
Autobus	Autobus
Biblioteca	Knjižnica
Calendario	Kalendar
Carta	Papir
Computer	Računalo
Dizionario	Rječnik
Educazione	Obrazovanje
Forbici	Škare
Giochi	Igre
Grammatica	Gramatika
Insegnante	Učitelj
Letteratura	Književnost
Lettura	Čitanje
Libri	Knjige
Matematica	Matematika
Matita	Olovka
Scarpe	Cipele
Scienza	Znanost
Zaino	Ruksak

Spezie
Začini

Aglio	Češnjak
Amaro	Gorak
Anice	Anis
Cannella	Cimet
Cardamomo	Kardamom
Cipolla	Luk
Coriandolo	Korijander
Cumino	Kumin
Curcuma	Kurkuma
Curry	Curry
Dolce	Slatko
Finocchio	Komorač
Gusto	Okus
Liquirizia	Slatki
Paprika	Paprika
Pepe	Papar
Sale	Sol
Vaniglia	Vanilija
Zafferano	Šafran
Zenzero	Đumbir

Spiaggia
Plaža

Asciugamano	Ručnik
Barca	Čamac
Barca a Vela	Jedrilica
Blu	Plava
Costa	Obala
Dock	Pristanište
Granchio	Rak
Isola	Otok
Laguna	Laguna
Mare	More
Nuotare	Plivati
Oceano	Ocean
Ombrello	Kišobran
Sabbia	Pijesak
Sandali	Sandale
Scogliera	Greben
Sole	Sunce
Vacanza	Odmor

Sport
Sportski

Allenatore	Trener
Arbitro	Sudac
Atleta	Sportaš
Baseball	Bejzbol
Basket	Košarka
Bicicletta	Bicikl
Campionato	Prvenstvo
Ginnastica	Gimnastika
Giocatore	Igrač
Gioco	Igra
Golf	Golf
Hockey	Hokej
Movimento	Pokret
Nuotare	Plivati
Palestra	Gimnazija
Squadra	Tim
Stadio	Stadion
Tennis	Tenis
Vincitore	Pobjednik

Strumenti Musicali
Glazbeni Instrumenti

Armonica	Harmonika
Arpa	Harfa
Banjo	Bendžo
Chitarra	Gitara
Clarinetto	Klarinet
Fagotto	Fagot
Flauto	Flauta
Gong	Gong
Mandolino	Mandolina
Marimba	Marimba
Oboe	Oboa
Percussione	Udaraljke
Pianoforte	Klavir
Sassofono	Saksofon
Tamburello	Tamburaški
Tamburo	Bubanj
Tromba	Truba
Trombone	Trombon
Violino	Violina
Violoncello	Violončelo

Surf
Surfanje

Atleta	Sportaš
Campione	Prvak
Divertimento	Zabava
Estremo	Krajnost
Folla	Gužve
Forza	Snaga
Meteo	Vrijeme
Nuotare	Plivati
Oceano	Ocean
Onda	Val
Pagaia	Veslo
Popolare	Popularan
Principiante	Početnik
Schiuma	Pjena
Scogliera	Greben
Spiaggia	Plaža
Spray	Sprej
Stile	Stil
Stomaco	Želudac
Velocità	Brzina

Tecnologia
Tehnologija

Blog	Blog
Browser	Preglednik
Byte	Bajtovi
Computer	Računalo
Cursore	Kursor
Dati	Podaci
Digitale	Digitalni
File	Datoteka
Internet	Internet
Messaggio	Poruka
Ricerca	Istraživanje
Schermo	Zaslon
Sicurezza	Sigurnost
Software	Softver
Statistiche	Statistika
Telecamera	Kamera
Virtuale	Virtualan
Virus	Virus

Tempo
Vrijeme

Anno	Godina
Annuale	Godišnji
Calendario	Kalendar
Decennio	Desetljeće
Dopo	Nakon
Futuro	Budućnost
Giorno	Dan
Ieri	Jučer
Mattina	Jutro
Mese	Mjesec
Mezzogiorno	Podne
Minuto	Minuta
Momento	Trenutak
Notte	Noć
Oggi	Danas
Orologio	Sat
Presto	Uskoro
Prima	Prije
Secolo	Stoljeće
Settimana	Tjedan

Tipi di Capelli
Vrste Kose

Argento	Srebro
Asciutto	Suho
Bianco	Bijeli
Biondo	Plavuša
Breve	Kratak
Calvo	Ćelav
Grigio	Siva
Intrecciato	Pletena
Lucido	Sjajan
Lungo	Dugo
Marrone	Smeđ
Morbido	Mekan
Nero	Crna
Ondulato	Valovita
Riccio	Kovrčava
Riccioli	Kovrče
Sano	Zdrav
Sottile	Tanak
Spessore	Debeo
Trecce	Pletenice

Uccelli
Ptice

Airone	Čaplja
Anatra	Patka
Aquila	Orao
Cicogna	Roda
Cigno	Labud
Cuculo	Kukavica
Falco	Sokol
Fenicottero	Flamingo
Gabbiano	Galeb
Oca	Guska
Pappagallo	Papiga
Passero	Vrabac
Pavone	Paun
Pellicano	Pelikan
Piccione	Golub
Pinguino	Pingvin
Pollo	Piletina
Struzzo	Noj
Tucano	Toucan
Uovo	Jaje

Vacanze #2
Odmor № 2

Aeroporto	Zračna Luka
Campeggio	Kampiranje
Destinazione	Odredište
Foto	Fotografije
Hotel	Hotel
Isola	Otok
Mappa	Karta
Mare	More
Montagne	Planine
Passaporto	Putovnica
Ristorante	Restoran
Spiaggia	Plaža
Straniero	Stranac
Taxi	Taksi
Tenda	Šator
Trasporto	Prijevoz
Treno	Vlak
Vacanza	Odmor
Viaggio	Putovanje
Visto	Viza

Veicoli
Vozila

Aereo	Zrakoplov
Ambulanza	Hitna Pomoć
Auto	Automobil
Autobus	Autobus
Barca	Čamac
Bicicletta	Bicikl
Camion	Kamion
Caravan	Karavan
Elicottero	Helikopter
Motore	Motor
Navetta	Čunak
Pneumatici	Gume
Razzo	Raketa
Scooter	Skuter
Sottomarino	Podmornica
Taxi	Taksi
Traghetto	Trajekt
Trattore	Traktor
Treno	Vlak
Zattera	Splav

Verdure
Povrće

Aglio	Češnjak
Broccolo	Brokula
Carciofo	Artičoka
Carota	Mrkva
Cetriolo	Krastavac
Cipolla	Luk
Fungo	Gljiva
Insalata	Salata
Melanzana	Patlidžan
Patata	Krumpir
Pisello	Grašak
Pomodoro	Rajčica
Prezzemolo	Peršin
Rapa	Repa
Ravanello	Rotkvica
Scalogno	Luk Kozjak
Sedano	Celer
Spinaci	Špinat
Zenzero	Đumbir
Zucca	Bundeva

Vestiti
Odjeća

Abito	Haljina
Braccialetto	Narukvica
Camicetta	Bluza
Camicia	Košulja
Cappello	Šešir
Cappotto	Kaput
Cintura	Pojas
Collana	Ogrlica
Giacca	Jakna
Gonna	Suknja
Grembiule	Pregača
Guanti	Rukavice
Jeans	Traperice
Maglione	Džemper
Moda	Moda
Pantaloni	Hlače
Pigiama	Pidžama
Sandali	Sandale
Scarpa	Cipela
Sciarpa	Šal

Virtù #1
Vrline # 1

Affascinante	Šarmantan
Affidabile	Pouzdan
Appassionato	Strasan
Artistico	Umjetnički
Buono	Dobar
Curioso	Znatiželjan
Decisivo	Odlučno
Divertente	Smiješno
Efficiente	Efikasan
Generoso	Velikodušan
Indipendente	Nezavisna
Intelligente	Inteligentan
Modesto	Skroman
Paziente	Pacijent
Pratico	Praktičan
Pulito	Čist
Saggio	Mudar
Utile	Koristan

Congratulazioni

Ce l'hai fatta!

Speriamo che questo libro vi sia piaciuto tanto quanto a noi è piaciuto concepirlo. Ci sforziamo di creare libri della più alta qualità possibile.
Questa edizione è progettata per fornire un apprendimento intelligente, di qualità e divertente!

Le è piaciuto questo libro?

Una Semplice Richiesta

Questi libri esistono grazie alle recensioni che pubblicate.

Puoi aiutarci lasciando una recensione
ora a questo link ?

BestBooksActivity.com/Recensioni50

SFIDA FINALE!

Sfida n°1

Sei pronto per il tuo gioco gratuito? Li usiamo sempre, ma non sono così facili da trovare - ecco i **Sinonimi!**

Scrivi 5 parole che hai trovato nei puzzle (n° 21, n° 36, n° 76) e prova a trovare 2 sinonimi per ogni parola.

Scrivi 5 parole del *Puzzle 21*

Parole	Sinonimo 1	Sinonimo 2

Scrivi 5 parole del *Puzzle 36*

Parole	Sinonimo 1	Sinonimo 2

Scrivi 5 parole del *Puzzle 76*

Parole	Sinonimo 1	Sinonimo 2

Sfida n°2

Ora che ti sei riscaldato, scrivi 5 parole che hai trovato nei puzzle n° 9, n° 17 e n° 25 e cerca di trovare 2 contrari per ogni parola. Quanti ne puoi trovare in 20 minuti?

Scrivi 5 parole del **Puzzle 9**

Parole	Antonimo 1	Antonimo 2

Scrivi 5 parole del **Puzzle 17**

Parole	Antonimo 1	Antonimo 2

Scrivi 5 parole del **Puzzle 25**

Parole	Antonimo 1	Antonimo 2

Sfida n°3

Grande! Questa sfida   non è niente per te!

Pronto per la sfida finale? Scegli 10 parole che hai scoperto nei diversi puzzle e scrivile qui sotto.

1.	6.
2.	7.
3.	8.
4.	9.
5.	10.

Ora scrivi un testo pensando a una persona, un animale o un luogo che ti piace.

Puoi usare l'ultima pagina di questo libro come bozza.

La tua composizione:

TACCUINO:

A PRESTO!

Tutta la Squadra

SCOPRIRE GIOCHI GRATIS

GO

↓

BESTACTIVITYBOOKS.COM/FREEGAMES

www.ingramcontent.com/pod-product-compliance
Lightning Source LLC
Chambersburg PA
CBHW082044120626

46553CB00011B/3283